भारत @ 75

रचनाकार कविताएं

संपादक मंडल

दीपा मिश्रा | राजीव कुमार झा | प्रीति चौधरी

लक्ष्मण सिंह त्यागी | प्रेरणा पारिश

PUBLISHED BY

PRACHI
DIGITAL PUBLICATION

Book   : Bharat @ 75

Editor   : Deepa Mishra

First Edition : 20 January, 2022

ISBN   : 9789391358563

© Composition Author

Published by

PRACHI
DIGITAL PUBLICATION

Regd. Add.: 254, Khuriyakhatta No. 10, Bindukhatta, Lalkuan, Nainital - 262402, Uttarakhand, India
Website : www.prachidigital.in
E-mail : editor@prachidigital.in
Contact : +91-976041-7980, +91-976041-8103

Printed by :
Manipal Technologies Limited, Bangalore - 560025, Karnataka

'भारत @ 75' संकलन को संपादक मंडल एवं सह-रचनाकारों के अमूल्य सहयोग से सिर्फ 5 दिन में संपादित एवं प्रकाशित किया गया है। जिसके लिए **OMG Book of Records** द्वारा प्रमाणित किया गया और प्रमाण पत्र प्रदान किया।

Issued On : 20-01-2022

Claim ID. IN-UK-2022-D7840

National Record

Prachi Digital Publication, Establish Date : 11-05-2017.
Udham Singh Nagar, Uttarakhand, Bharat
@ 75Editors : Deepa Mìshra, Rajeev Kumar Jha,
Preeti Chaudhary, Laxman Singh Tyagi, Prerna Parish
Inspired by Hon'ble Prime Minister's 'New India @75',
**Prachi Digital Publication published Hindi anthology of
'India@75', at very shortest time (Five days) with 75 poets.**
All poems are based on patriotism.
OMG Book of Records appreciates and
recorded in edition 2022.

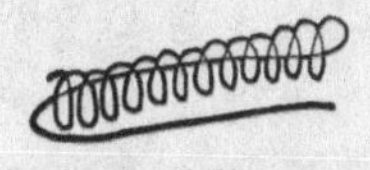

Authorised Signatory

Mumbai | E:omgbookofrecords@gmail.com | W:www.omgbooksofrecords.com

OMG Book of Records runs under OBWR Publishing Private Limited, Mumbai. Registered under Ministry of Corporate Affairs - Government of India

भारत @ 75

संपादक मण्डल सदस्य

दीपा मिश्रा
भोपाल, मध्य प्रदेश

राजीव कुमार झा
चंपारण, बिहार

प्रीति चौधरी
बुलंदशहर, उत्तर प्रदेश

लक्ष्मण सिंह त्यागी
धौलपुर, राजस्थान

प्रेरणा पारिश
नई दिल्ली

अनुक्रमणिका

संपादकीय

भारत सरकार द्वारा शुरू किया गया कार्यक्रम 'आजादी का अमृत महोत्सव' से प्रेरित होकर प्राची डिजिटल पब्लिकेशन के सौजन्य से देशप्रेम व देशभक्ति से ओतप्रोत एक अनोखा साझा संकलन पाठक वर्ग के समक्ष पुनः प्रस्तुत है, जिसका शीर्षक है '**भारत @ 75**'।

देशभक्ति की भावना से ओत प्रोत यह साझा संकलन 75 रचनाकारों की रचनाओं का समावेश है। संकलन में शामिल रचनाएँ पढ़कर संपादक मंडल को एक विशेष अनुभूति हुई है। देशप्रेम की भावना और भी बलवती हुई है और इस देश की संतान होने पर अत्यंत गर्व का भी अनुभव हो रहा है। मैथिली शरण गुप्त जी की देशप्रेम में पगी पंक्तियाँ, बरबस ही याद आ गई...

जिसे निज देश, निज भाषा और निज गौरव का अभिमान नहीं!
वह नर नहीं, नरपशु निरा, और मृतक समान है

यह पंक्तियाँ देश प्रेम के महत्त्व को दर्शाने के लिए पर्याप्त प्रतीत होती हैं। इस देश की मिट्टी में ही हम सब ने जन्म लिया है, इस पर ही हम खेले कूदे और पले बढ़े, और एक दिन इसी मिट्टी में मिल भी जायेंगे।पूजनीय है यह मिट्टी, वंदनीय है यह देश, सम्माननीय है हमारा भारतवर्ष। संपादक मंडल की सदस्या प्रेरणा पारिश द्वारा रचित चंद पंक्तियाँ...

मिट्टी से ही हैं निर्मित हम
मिट्टी में ही मिल जाना है
कतरा कतरा जब तक है लहू
हमें इसका कर्ज़ चुकाना है
देश हमारा हो संगठित
पूजित हो, सम्मानित हो
इस ध्येय से क़दम बढ़ाना है
हमें अपना फ़र्ज़ निभाना है।

जैसा कि नाम से ही स्पष्ट है कि यह देशभक्ति की भावनाओं से ओतप्रोत रचनाओं का समावेश करने वाला एक उत्कृष्ट संकलन है। हमें प्राची डिजिटल पब्लिकेशन ने यह स्वर्णिम अवसर प्रदान किया कि देशभक्ति व देशप्रेम में डूबी हुई रचनाओं का संपादन कार्य, अनुभवी और उत्कृष्ट संपादक मंडल, जिनमें मध्य प्रदेश से दीपा मिश्रा, नई दिल्ली से प्रेरणा पारिश, बिहार से राजीव कुमार झा एवं राजस्थान से लक्ष्मण सिंह त्यागी के सान्निध्य में सम्पन्न किया गया। यह संकलन स्वयं में एक अनुपम संकलन इसलिए भी है क्योंकि इसमें मात्र देशभक्ति, देश प्रेम, देश के प्रति अगाध श्रद्धा और आस्था रखने वाली रचनाओं का समावेश किया गया है। हम भारतवासी जन्म से ही देशभक्ति के भावों से ओतप्रोत होते हैं। हमारा देश वीर शिवाजी, वीरांगना रानी लक्ष्मीबाई, रानी दुर्गावती, वीर सैनिक मंगल पांडे, चंद्रशेखर आजाद जैसे देशभक्तों का राष्ट्र रहा है।

यहाँ की माटी में ही देशभक्ति के अंकुर सदियों से रोपित हैं, यह संकलन विशेष महत्व इसलिए भी रखता है क्योंकि इसे माननीय प्रधानमंत्री कार्यालय में भी भेंट किया जाएगा। सभी रचनाकारों की रचनाएँ वीर रस से ओत-प्रोत हैं। राजीव कुमार झा जी के संपादन में तथा दीपा मिश्रा जी की साहित्य साधना से परिमार्जित होकर यह संकलन और भी अनूठा हो गया है। संपादकीय टीम के सहयोगात्मक व्यवहार और प्रेरणात्मक टिप्पणियों से संकलन की

विशेषताओं में चार चाँद लग गए हैं। इस संकलन को देखकर रामावतार त्यागी जी की पंक्तियाँ बरबस स्मरण हो आई हैं…

मन समर्पित,

तन समर्पित,

और यह जीवन समर्पित,

चाहता हूँ देश की धरती तुझे कुछ और भी दूँ…

वैसे तो भारत देश को सुरक्षित करने में प्रत्येक वर्ग का अपना-अपना योगदान है किंतु भारत देश की रक्षा के लिए प्राण न्योछावर करने वाले सैनिकों को यह संकलन हृदय से समर्पित है। विभिन्न उत्कृष्ट रचनाकारों ने अपने देशभक्ति की रचनाओं के माध्यम से भारत मां के वीर सपूतों को श्रद्धा सुमन अर्पित किए हैं।

संपादन मंडल की सदस्या प्रीति चौधरी द्वारा रचित चंद पंक्तियाँ भारत के वीर जवानों को समर्पित हैं….

हिंद की सेना का शत-शत वंदन है,

आज हृदय से उनका अभिनंदन है।

जो देश सेवा में रहते हैं सदैव तत्पर,

तज दिया अपना सुख-चैन और घर,

इतिहास में जिनका नाम हुआ अमर,

उनके शौर्य को कोटि-कोटि नमन है।

हिंद की सेना का शत-शत वंदन है….

उनकी शौर्य गाथाएँ सुनाएगा भारत,

वीर पुत्र भूमि कहलायेगा भारत,

जिन्होंने सर्व जीवन सुख तज कर,

सरहद का किया आलिंगन है।

हिंद की सेना का शत- शत वंदन है....

अपने शोणित से सींचा है भारत चमन,

उपस्थिति से जिनकी व्याप्त है अमन,

जिनकी वीरता से परिचित जन –जन,

शब्द प्रसूनों से उनका आचमन है।

हिंद की सेना का शत – शत वंदन है...

यह ज़रूरी नहीं कि देश के प्रति अपना प्रेम और समर्पण दिखलाने के लिए हम सीमा पर जाएँ, अपने देश की सेवा हम सामाजिक जीवन जीते हुए अपने कर्त्तव्यों का निष्ठापूर्वक पालन करते हुए भी कर सकते हैं। इस देश को स्वर्ग सदृश बनाना, इसकी प्रतिष्ठा में चार चाँद लगाना और इसकी एकता और अखंडता पर आँच न आने देना हमारा धर्म हो और इस देश की तरक्की और विकास हमारी प्राथमिकता, तभी अपनी मातृभूमि को उच्चतम शिखर पर ले जा पाने में सक्षम हो पाएँगे।

भारत देश विभिन्नताओं का देश है। यहाँ विभिन्न धर्म, जाति और संप्रदाय के व्यक्ति रहते हैं। अनेक भाषाएँ यहाँ बोली जाती हैं। सभी भाषाओं और धर्मों का हमारे भारत में निष्पक्ष भाव से आदर किया जाता है। सभी धर्मों के साथ समन्वय स्थापित करके हम भारतीय प्रेमपूर्वक रहते हैं। हमें गर्व है भारतीय सभ्यता और संस्कृति पर जहाँ प्रत्येक धर्म को आदर और सम्मान की दृष्टि से देखा जाता है। यह संकलन राष्ट्रीय एकता और विश्व बंधुत्व की भावना को बढ़ाने में अवश्य ही पाठक वर्ग का मार्गदर्शन करेगा। कौमी एकता को बढ़ावा देगा तथा राष्ट्रीय एकता और अखंडता को अक्षुण्ण बनाएगा। ऐसा संपादकीय टीम को पूर्ण विश्वास है। अपने इसी विश्वास को शब्द रूप देते हुए संपादक मंडल की सदस्या प्रीति चौधरी द्वारा रचित चंद पंक्तियाँ पाठक वर्ग के समक्ष...

कौमी एकता का बीज अंकुरित करो जहान में,

सद्भाव की फसल उपजे, खेत और खलिहान में।

हिंदू, मुस्लिम, सिक्ख, ईसाई, आपस में सब भाई– भाई,
आखिर सच्चे रिश्तों पर क्यों शक की दीवार लगाई?
लहू सभी का जब है लाल, क्यों हो नफ़रतों से बदहाल?
नेहरू, कलाम, फर्नांडिस जैसे सुमन खिले उद्यान में।
कौमी एकता का बीज अंकुरित करो जहान में।

जब निर्मल बहती पवन करती है समान व्यवहार,
बिन भेदभाव के इंदु बांटे प्रकाश का उपहार,
क्यों धर्म के नाम पर हम करें नित्य तक़रार?
एकता के अखण्ड दीप जलाएं राष्ट्र के गुणगान में।
कौमी एकता का बीज अंकुरित हो जहान में।

मन वचन कर्म में शुचिता सभी धर्मों का मर्म है,
मज़हब का पर्यायवाची शब्द ही धर्म है,
मानवता की सेवा में निहित सर्वश्रेष्ठ कर्म है,
प्रत्येक धर्म साथ चले भारत के उत्थान में।
कौमी एकता का बीज अंकुरित करो जहान में।

बाइबिल, गीता, और कुरान एक ही हैं,
श्लोक, मन्त्र, आरती, अजान एक ही हैं,
धर्म, जाति, भिन्न हैं, हिन्दोस्तान एक ही है,
मतभेद की आंधियाँ न चलें वतन के मकान में,
कौमी एकता का बीज अंकुरित हो जहान में।

यदि हमारे संकलन से पाठक वर्ग के हृदय में देशभक्ति की भावना का संचार हो सके...
उन्हें राष्ट्र के प्रति अपने कर्तव्य का निर्वहन करने की प्रेरणा मिल सके तथा राष्ट्रीय एकता की अखंड ज्योति प्रज्वलित हो सके, तो हम मानेंगे कि हमारा परिश्रम व्यर्थ नहीं गया। यही संपादकीय टीम का एकमात्र मनोरथ है तथा प्राची डिजिटल पब्लिकेशन का एक छोटा सा प्रयास है, भारतवर्ष को एक सशक्त और मजबूत राष्ट्र बनाना।

(संपादक मंडल)

भारत @ 75 रचनाकार कविताएं

भारत @ 75

संपादक

दीपा मिश्रा

सम्प्रति : शिक्षिका
पता : भोपाल, मध्य प्रदेश
दूरभाष : उपलब्ध नहीं

मैं भारत

मैं देश–राग जब गाता हूँ

मैं ही भारत बन जाता हूँ

मैं बनता हूँ एक नव विहान

मैं ज्ञान का सूर्य बन जाता हूँ

मैं गढ़ता हूँ स्वर्णिम इतिहास

मैं बुद्ध महावीर बन जाता हूँ

मैं बनता हूँ गंगा यमुना

मैं सागर बन लहराता हूँ

मैं केसरिया, सफ़ेद, हरा

मैं अशोक चक्र बन जाता हूँ

मैं हूँ अटल हिमालय सा

मैं सरहद का रखवाला हूँ

मैं ही सुभाष, मैं ही नेहरु

मैं ही बापू बन जाता हूँ

भारत @ 75

संपादक

राजीव कुमार झा

सम्प्रति : शिक्षक एवं कवि
पता : चंपारण, बिहार
दूरभाष : 8409911183

हिंदुस्तान

हम दीवानों के गले का हार हिंदुस्तान है
है तख़्त हिंदुस्तान और ताज़ हिंदुस्तान है।
जिसके चमन के फूल आर्यभट्ट, चरक, सुश्रुत हुए
विद्यापति, चाणक्य, गोविंद सिंह और नानक हुए।
कब तक सहेगा ज़ुल्म कोई सर जमीन-ए-मुल्क में
हारा सिकंदर भी जहां वह देश हिंदुस्तान है।
जिसने जगत को ज्ञान का प्रसाद हरदम है दिया
लोभ, दंभ और स्वार्थ का दमन भी जिसने है किया।
शांति का संदेश जो देता वह हिंदुस्तान है
तेग पर हो जाए वह तहरीर हिंदुस्तान है।
पृथ्वी, अग्नि, नाग और ब्रह्मोस से शृंगार हैं
गंगा जिसके पाँव धोती और हिमालय भाल है।
सरफिरों के सर में चक्कर नाम से आता है जिसके
व्योम में एकछत्र चमके वह देश हिंदुस्तान है।

प्रीति चौधरी 'मनोरमा'

सम्प्रति : शिक्षिका एवं कवयित्री
पता : बुलंदशहर, उत्तर प्रदेश
दूरभाष : उपलब्ध नहीं

भारतीय नौसेना

हम समंदर की लहरों पर नज़र रखते हैं,

अथाह गहराइयों में बनाकर घर रखते हैं।

भारतीय नौसेना के वीर जवान हैं हम,

पानी पर तैरता साहसी हिंदुस्तान हैं हम।

हम जल सीमाओं के सशक्त प्रहरी बने हैं,

विध्वंसक शक्तियों के लिए सदैव अरी बने हैं।

माँ भारती के चरण कमलों में कुर्बान हैं हम,

जल सीमाओं के संरक्षक औ स्वाभिमान हैं हम।

तरंगमलाओं के संग दिन-रात बहते हैं,

हम पनडुब्बी में संसार बनाकर रहते हैं।

जल में जीवनयापन करने वाले इंसान हैं हम,

देश रक्षा में हथेली पर लिए जान हैं हम।

हमारे शौर्य से सुरक्षित अपना भारत देश है,

इंदु की भाँति उज्ज्वल हमारा गणवेश है।

देश संकट में क्षण में बन जाते तूफान हैं हम

देश पर मिटने का, मन में लिए अरमान हैं हम

कर्तव्यनिष्ठ हैं सदा देशसेवा के पथ पर,
विजय पताका फहराते हैं हम जीवन रथ पर।
'नौसैनिक' शब्द से मिली पहचान हैं हम
जलधि के प्रति रखते विशेष रुझान हैं हम।

लक्ष्मण सिंह त्यागी

सम्प्रति : शिक्षक
पता : धौलपुर, राजस्थान
दूरभाष : 7746842196

हिंदुस्तान है प्यारा

जाति धर्म से ऊपर उठकर, भेष बनाना है।
हिंदुस्तान है प्यारा, प्यारा देश बनाना है।।

वीर शहीदों ने इसकी खातिर अपना लहू बहाया था।
मस्त मगन हो मिलकर सबने रंग दे बसंती गाया था।
सदियों की है इसकी कहानी मिटा नहीं कोई पाया।
हमें समझ कमज़ोर जो आया उसको वापस लौटाया।
हमसे आँख मिला ना पाये ऐसा विशेष बनाना है।
हिंदुस्तान है प्यारा, प्यारा देश बनाना है।।

एक तिरंगा जिसके नीचे हम गर्वित भारत वासी हैं।
इस झण्डे को रोज देखते फिर भी आँखें प्यासी हैं।
जान लुटा देंगे हम लेकिन झुकने ना देंगे इसको।
कर्मठ देश कहाँ मरता है हम रुकने ना देंगे इसको।

अभी तो आधा बना है भारत आधा शेष बनाना है।
हिंदुस्तान है प्यारा, प्यारा देश बनाना है।।
देश पर मरना देश पर मिटना मिलता है सौभागी को।

माया मोह को छोड़ देश की हो चिंता वैरागी को।

एक भावना एक धारणा हो तो बन पायेगा भारत।
हर उद्दण्डी को दो प्रताड़ना तो बन पायेगा भारत।
विवेकानंद की भाँति इसे ज्ञान का प्रवेश बनाना है।
हिंदुस्तान है प्यारा, प्यारा देश बनाना है।।

प्रेरणा पारिश

सम्प्रति : लेखिका
पता : नई दिल्ली
दूरभाष : उपलब्ध नहीं

देश मेरा

कल कल बहती गंगा जमुना

प्रहरी हिमालय ताने सीना,

कश्मीर से लेकर कन्याकुमारी

आभा इसकी है अनुपम निराली,

भाँति-भाँति के पुष्प, वनस्पति

भाँति-भाँति के मौसम हैं,

नदियाँ झीलें सागर गहरा

अलौकिक सौंदर्य का संगम है,

अद्भुत सभ्यता धनी संस्कृति

इसकी शीर्ष देशों में गिनती,

विश्व गुरु का दर्ज़ा था पाया

दुनिया को चरणों में था झुकाया,

महान विचारक, ऋषि महर्षि

विद्वान, महात्मा और विदुषी

असंख्य महान पुत्रों की ये धरती,

शून्य की खोज, शल्य चिकित्सा

खगोलीय गणना, ज्योतिष विज्ञान

कितनी ही देनें भारत की

देश मेरा ज्ञान की खान,

ज्ञान विज्ञान भाषा अध्यात्म

धर्म राजनीति वेद पुराण

हर क्षेत्र में परचम इसका,

समस्त जगत देता सम्मान,

विभिन्नता में एकता की मिसाल

गर्व हमारा हैं इसके लाल।

परवेज़ शीतल

सम्प्रति : शिक्षक
पता : गिरिडीह, झारखंड
दूरभाष : 09835102453

ये मेरा प्यारा हिंदुस्तान

ये मेरा प्यारा हिंदुस्तान

कि जिस पे न्योछावर तेरी जान

जान! कि जिस पे क़ुरबां मेरी जान

जान! ये मेरा प्यारा हिंदुस्तान

हिंदुस्तान! हां, मेरा प्यारा हिंदुस्तान

हिंदुस्तान! कि जिस के कण-कण में ईमान

ईमान की ताज़गी और मनुष्य का सम्मान

सम्मान फूलों का तो कांटों का भी मान

मान कि जिसका ज़ेवर है स्वाभिमान

स्वाभिमान जिस पर क़ुरबां मेरी जान

जान ये मेरा प्यारा हिंदुस्तान

हिंदुस्तान, ये मेरे ख्वाबों की जन्नत

जन्नत जहां दम तोड़ती है नफ़रत

नफ़रत से सुलगते हुए अंगारों

अंगारों पर शीतल जल है बरसता

बरसता है शीतल जल जहां पग पग पलते पुष्प
पुष्प, प्रेम के पुष्प जिस की ख़ुशबू में है जान

जान! जिस की ख़ुशबू में है शान
शान ऊंची है तिरंगा है पहचान
पहचान कि मीठा प्यारा हिंदुस्तान
हिंदुस्तान! हां! मेरा प्यारा हिंदुस्तान

संध्या मिश्रा पाठक

सम्प्रति : उपलब्ध नहीं
पता : नवी मुंबई
दूरभाष : उपलब्ध नहीं

भारत @ 75

सह-रचनाकार

वीरांगना की इच्छा

मुहब्बत को जमाने भर ने

कई रंगों से नवाजा है

मेरी मुहब्बत का रंग मुझ को

केसरिया ही बनाना है।

वो रंग सिंदूरी मेरे प्रियतम का

मेरे माथे सजता, बहुत प्यारा है फिर भी

मुझे अपने आख़िरी सफ़र के लिए

केसरिया चोला ही लाना है

फूल कोई भी लाना तुम

मुझे दुल्हन सा सजाना तुम

मेरे माथे पर मगर, याद रखना

चुनर केसरिया ही ओढ़ाना है।

मेरे जनाजे को जो चाहे कांधा दे

मुझे शमशान या कब्रिस्तान ले जाये

मेरे आख़िरी सफ़र पर सुन लो मगर

जय घोष केसरिया ही लगाना है।

भारत @ 75

सह-रचनाकार

प्रीति मिश्रा

सम्प्रति : शिक्षिका एवं कवयित्री
पता : गोरखपुर, उत्तर प्रदेश
दूरभाष : उपलब्ध नहीं

वीरों की यह पावन वसुधा

प्यारा भारतवर्ष हमारा, हम सबका अभिमान ।

वीरों की यह पावन वसुधा, है वीरों की शान ।।

हरा, श्वेत, केसरिया इसमें, तिरंगा तीन रंग ।

आसमान को जब ये छूए, मन में भरे उमंग ।।

जान तिरंगे के लिए सभी, करते हैं कुर्बान ।

वीरों की यह पावन वसुधा, है वीरों की शान ।।

भारत माँ की जयकार करें, भारत माँ के लाल ।

कभी नही झुकने देंगे हम, भारत का यह भाल ।।

अतिथि देवो भव : कहें और दुश्मन का लें प्राण ।

वीरों की यह पावन वसुधा, है वीरों की शान ।।

भिन्न-भिन्न भाषाएँ सबकी, भिन्न-भिन्न परिवेश ।

भिन्न-भिन्न त्यौहार मनायें, मिलकर सारा देश ।।

सभी ग्रंथ हैं प्रीति सिखाते, गीता और कुरान ।

वीरों की यह पावन वसुधा, है वीरों की शान ।।

धन्य-धन्य वह जननी देती, पुत्रों को यह आशीष।

आँच देश पर कभी न आये, कट जाए चाहें शीश।।

तीन रंग का वस्त्र नहीं यह, ध्वज देश की आन।

वीरों की यह पावन वसुधा, है वीरों की शान।।

सीमा पर प्रहरी बन प्रतिपल, चौकस रहें जवान।

खेतों में हरियाली बनकर, भरता पेट किसान।।

लाख भरे हो कंटक पथ पर, साहस से सम्मान।

वीरों की यह पावन वसुधा, है वीरों की शान।।

जय भारत जय भारतवासी, वंदन शत्-शत् बार।

देश की रक्षा खातिर सैनिक, मस्तक देते वार।।

वन्देमातरम गीत लब पर, जन गण मन है गान।

वीरों की यह पावन वसुधा, है वीरों की शान।।

अनुराधा प्रियदर्शिनी

सम्प्रति : उपलब्ध नहीं
पता : प्रयागराज उत्तर प्रदेश
दूरभाष : उपलब्ध नहीं

भारत मां के वीर सपूत

भारत मां के अमर सपूतों

नमन करें हम भारतवासी

श्रद्धा पुष्प चढ़ाएं तुमको

कृतज्ञ तुम्हारे भारतवासी

रण में तुम जो डटे रहे थे

दुश्मन को धूल चटाई थी

तिरंगे का सम्मान बढ़ाया

तिरंगे को न झुकने दिया

भारत मां भी इठलायी थी

तुम जैसा लाल वो पायी थी

सीने पर गोलियां खाकर भी

जो तुमने हिम्मत न हारी थी

भारत मां के अमर सपूतों

तुमको वंदन है बारम्बार

भारत मां के तुम हो वीर

श्रद्धा पुष्प करो स्वीकार

भारत @ 75

सह-रचनाकार

अनंग मोहन मुखर्जी

सम्प्रति : शिक्षक
पता   : रांची, झारखण्ड
दूरभाष   : 7739247915

देश भक्ति

आओ हम सब गाएं मिलकर,

देशभक्ति का गान

याद करें उनको जिन द्वारा

हुआ यह देश महान

गर आज तिरंगा फहराया

तो मान शहीदों को देना होगा

बस एक दिवस की देशभक्ति ये

अपने दिल को मंजूर नहीं

उदघोष बजा जो गुंजा है

आह्वान वही देना होगा

देश भक्ति ऐसी हो जिसमें

जज्बे पौरुष में जड़ें मिलें

हो कभी जरुरत एक शीश की

शीश हजारों खड़े मिलें

हम शांति प्रिय देश हैं यारों

प्रिय है आत्मसम्मान

आओ हम सब मिलकर बोलें

मेरा भारत देश महान

गौतम बुद्ध और महावीर ने

की हिंसा पर रोक

जिस पर चलकर प्रबुद्ध हुए

महात्मा गांधी, सम्राट अशोक।

ऋतु असूजा

सम्प्रति : लेखिका
पता : ऋषिकेश उत्तराखंड
दूरभाष : 2439583

स्वर्णिम युग ने दी है दस्तक

स्वर्णिम युग दे रहा है दस्तक

युग बदल रहा है मेरा देश बदल रहा है

भारत माता का गौरव वीरों का शौर्य

भारत की आज़ादी नहीं

इतनी सस्ती बलिदान हुए

असंख्य शहीदों की हस्ती

अखंड सुहागन सिंदूर मस्तक पर

रक्षा प्रहरी बन खड़े सीमाओं पर

भारत माता के लाल जांबाज

उत्तर में अडिगअनन्त हिमआलय

हिमराज बुद्धि, विवेक,

ज्ञान का दीपक प्रज्वलित हो रहा है

सूर्य सा तेज तीर भी तलवार भी

भारत माता के वीर देश की पतवार है

शास्त्रों का पूरा ज्ञान है, शाखा नहीं वटवृक्ष हैं

ज्ञान का दीपक घर-घर उदय हो रहा है,

भारत माता का ललाट दिव्य प्रकाश मणियों से

सुशोभित हो रहा है स्वर्णिम युग दे रहा है

दस्तक युग बदल रहा है मेरा देश बदल रहा है

छल-कपट से दूर उच्च संस्कारों के आदर्श हैं

भारतीयों की धरोहर है, मात्रभूमि के सपूतों में है वो आग

दुश्मन को मुह तोड़ देने को जवाब है

सिंह की दहाड़ है बूंद नहीं वृहद समुद्र हैं।

तूफान है, सैलाब है, दुश्मनों के छक्के छुड़ाने को

सीना तान है, सूर्य सा तेज, पर नहीं किसी से द्वेष है

विश्वपटल पर भारत की अपनी अलग पहचान है,

भाई-चारे संग, धरती पर स्वर्ग बनाने का संदेश है

अदभुत, अतुलनीय है मेरा देश।

दैविय गुणों को ही धारण किये फैला रहा सुख साम्राज्य है।

डॉ. भारती वर्मा बौड़ाई

सम्प्रति : कवयित्री

पता : देहरादून, उत्तराखंड

दूरभाष : 9759252537

मेरे देश ने ली अँगड़ाई है

कुछ ऐसी चली पुरवाई है
मेरे देश ने ली अँगड़ाई है।

लुटे बहुत औरों के हाथों
अब लुटने को तैयार नहीं
स्वयं गढ़ेंगे परिभाषाएँ
गूंजेंगे अपने नवगान यहीँ
ऐसी हमने मिलकर शपथ खायी है
मेरे देश ने ली अँगड़ाई है।

कुछ राह नई कुछ निर्णय नए
बस मान उन्हें अब चलना है
नहीं सुननी बातें औरों की
संकल्प लिया वो करना है
नव विहान की सुखद वेला आयी है
मेरे देश ने ली अँगड़ाई है।

थोड़ा संघर्ष करें हम भी

वो गाथाएँ बन जाएंगी

बन नई रोशनी आगामी

पीढ़ियों को राह दिखाएंगी

संदेश नया देने की शुभ घड़ी आयी है

मेरे देश ने ली अँगड़ाई है।

अनुरोध कुमार श्रीवास्तव

सम्प्रति : ग्राम्य विकास अधिकारी
पता : बस्ती, उत्तर प्रदेश
दूरभाष : 9839668367

मातृभूमि वन्दन

मस्तक मुकुट हिमालय, सागर चरण पखारे

हे मातृभूमि वन्दन चरणों में है तुम्हारे।।

शीतल मलय पवन है, गोदी में जिसके गंगा

धरती है जिसकी पावन औ वस्त्र है तिरंगा

पैदा किये हैं जिसनें, राणा, शिवा से बेटे

वह विश्वगुरू भारत, सारा जगत निहारे।।

आधार सभ्यता का जहाँ वेद और गीता

आदर्श मानवता के जहाँ राम और सीता

सुभाष औ भगतसिंह जिस धूल में हैं खेले

उस धूल को हैं करते नमन सभी सितारे।।

कल-कल करते बहती नर्मदा है जहाँ पर

पुण्य, पावन सलिता, कंकर, कंकर है शंकर

पूरब में बंगभूमि, पश्चिम है जिसके पंचनद

मध्य में बसा विन्ध्य सा मोती हृदय हमारे।।

जिसको लहू से सींचे खुदीराम और मंगल

सीमा खड़े हैं सैनिक जल हो या हो जंगल

हम हाथ काट देंगे अगर नापाक हो इरादे

फहराएगा तिरंगा जब तक लहू हमारे।।

विभा वर्मा 'वाची'

सम्प्रति : लेखिका व कवयित्री
पता : राँची, झारखंड
दूरभाष : उपलब्ध नहीं

मेरा भारत महान

चारों तरफ़ जब छाया था अँधेरा

तन मन में चमका नया सवेरा

दुनिया में कुछ भी मुश्किल नहीं

इस विश्वास से था मन हरा।

भारत जब गुलामी में था जकड़ा

ज़ुल्म किया था फ़िरंगियों ने

दिन में भी अँधेरा दिखाया था

तब हाथों में क़लम की ताक़त थी,

आक्रोश की ज्वाला धधक रही थी

आंदोलन बनकर दमक रही थी

तभी वो शुभ दिन आया

स्वतंत्रता की आस जगाया।

आज़ादी मिली, जशन में डूब गया देश

तिरंगा फहराने की आई घड़ी

राष्ट्र-गान सब मिल गाए

वन्दे मातरम् की गूँज उठाए।

सत्य अहिंसा से मिली आज़ादी

पीढ़ी दर पीढ़ी जश्न मनाए

शूरवीरों की अमर कहानी सब मिल गुनगुनाए ।

रणबांकुरों ने रणभूमि में पीठ नहीं दिखाई थी

पराक्रम की गर्जना सुन

चण्डी भी घबराई थी ।

तब जाके शुभ घड़ी यह आई

वर्षगाँठ पचहत्तरवीं मनाने की

सत्य कर्म से, भ्रष्टाचार मिटा

नया भारत बनाने की ।

मिली आज़ादी देश को,

नव ऊर्जा का संचार हुआ,

प्रवाहिनी साफ़ हुई,

नव राह का निर्माण हुआ ।

डिजिटल भारत देश हुआ,

स्वदेशी को हमने अपनाया

लघु कुटीर उद्योगों को,

प्रोत्साहन दे आगे बढ़ाया ।

जब कोरोना का तांडव चल रहा था

टीकाकरण अभियान चला

मुफ़्त टीकाकरण से देश का उद्धार हुआ ।

आज नमन है उन वीरों को

आज नमन उस माँ के आँचल को

जिसने अपने कलेजे के टुकड़े को

इस देश के नाम किया ।

श्रवण कुमार दूबे

सम्प्रति	:	ग्राम्य विकास विभाग में कार्यरत
पता	:	बस्ती, उत्तर प्रदेश
दूरभाष	:	9452610501

भारत देश महान है

धन्य हमारी मातृभूमि यह, भारत देश महान है।

विश्व गुरु कहलाने वाला, बड़ी अनोखी शान है।

देवकी नन्दन कृष्ण यहां पर, दिए थे गीता का सन्देश।

पुरुषोत्तम भगवान राम ने, लिया था पावन नर का भेष।

रावण संहारक की भू से, कोई नही अनजान है।

धन्य हमारी मातृभूमि यह, भारत देश महान है।

महावीर ने मानवता की, दिव्य ज्योति थी फैलाई।

बुद्ध प्रभु के आदर्शों की, सारी दुनियां गुण गाई।

प्रेम का पाठ पढ़ाने वाले, कबिरा बड़े महान हैं।

धन्य हमारी मातृभूमि यह, भारत देश महान है।

सीता, सावित्री हैं प्रतीक थी खूब लड़ीं लक्ष्मीबाई।

गांधी, सुभाष, आजाद, भगत, सबने आजादी दिलवाई।

कोई कहे आर्यावर्त इसको, कोई कहता हिन्दुस्तान है।

धन्य हमारी मातृभूमि यह, भारत देश महान है।

विविध धर्म के लोग यहां पर, विविध यहां भाषाभाषी।

लेकिन सबसे पहले केवल, हम सब है भारतवासी।

स्वर्णिम अतीत था हम सबका, यहां हर कोई एक समान है।

धन्य हमारी मातृ भूमि यह, भारत देश महान है।

भारत @ 75

सह-रचनाकार

ब्रजेश कुमार श्रीवास्तव

सम्प्रति : शिक्षक
पता : गोंडा, उत्तर प्रदेश
दूरभाष : 9450524043

आजादी का जश्न मनाएँ

आजादी का जश्न मनाएं

पर देखो हम भूल ना जाएं।

जो शहीद हो गये वतन पर

नाम पर उनके शीश झुकाएं।

उन स्वतंत्रता के वीरों ने

जाने कितने हैं कष्ट सहे

हम भूल नही सकते उनको

सौगन्ध आइये हम खायें।

जाति-धर्म के परपंचों से

सोच हमेशा ऊपर रखें

देश हमारा सबसे पहले

मूल-मंत्र सबको बतलाएं।

उन्नति पर हो देश हमारा

जिम्मेदारी सबकी है

रहे दुनिया मे नाम हमारा

ऐसा अपना देश बनायें।

भारत @ 75

सह-रचनाकार

शिप्रा झा

सम्प्रति : लेखिका
पता : नई दिल्ली
दूरभाष : उपलब्ध नहीं

अमृत - उत्सव

आज़ादी का अमृत – उत्सव

कुछ ऐसे हमें मनाना है

गाँधी – सुभाष के सपनों का

हिन्दुस्तान सजाना है

प्रीत की रीत हो मधुमय गान

नवल सर्जना का हो विहान

शांति – सौहार्द्र – संज्ञान बढ़े

उद्भ्रांत मन संबल गढ़े

राष्ट्र – विकास हो प्रशस्त

शिल्प – कला, शास्त्र और शस्त्र

ज्ञान – विज्ञान, खेत – खलिहान

करें सदा शांति आह्वान

स्वर्णिम इतिहास का रखकर मान

एक दूजे का कर सम्मान

वसुधैव कुटुम्बकम् के हम वाहक

बन विश्वगुरु हों जगनायक

भारत @ 75

सह-रचनाकार

कवि रामदास गुर्जर

सम्प्रति : कवि

पता : बयाना, राजस्थान

दूरभाष : 7297891458

ऐ देश मेरे

ऐ देश मेरे तेरी शान से बढ़कर,

मेरी कोई शान नहीं।

तेरे नाम से हो पहचान मेरी,

मेरी इससे बड़ी पहचान नहीं।

अरदास एक है ईश्वर से,

भारत जन्म में हर बार मिले।

ये पावन भूमि राम- कृष्ण की,

मुझको इसका प्यार मिले।

तन -मन - धन जो पास मेरे,

सब तेरे लिए अर्पित है।

एक बार नहीं सौ बार मिले,

सब जीवन तुझे समर्पित है।

आजाद रहे आबाद रहे,
सम्पूर्ण विश्व सम्मान करे।

अमर रहे गौरव गाथा
जिसका ये जग यशगान करे।

केसर की खिलती क्यारी हो,
बागों में हसती कलियाँ हो।

छोटे बच्चों की किलकारी से,
गुंजित तेरी गलियां हों।

बहे प्यार प्रेम की गंग यहाँ,
नफरत के लिए स्थान नहीं।

तेरे नाम से हो पहचान मेरी,
मेरी इससे बड़ी पहचान नहीं।

भारत @ 75

सह-रचनाकार

जगदीश प्रसाद 'वरुण'

सम्प्रति : कवि एवं लेखक

पता : इंदौर, मध्यप्रदेश (भारत)

दूरभाष : उपलब्ध नहीं

लेखनी

कुछ ऐसा लिखो

फिर हिन्द की पहचान हो हिन्दी

प्रसव का आर्त हो हिन्दी,

संकट से मुक्ति हो हिन्दी,

शिशु नवजात हो हिन्दी,

सने धूल उस बालक की

तोतली जुबान हो हिन्दी।

प्रथम मुख ग्रास हो हिन्दी,

जमीं आकाश हो हिन्दी,

आप के कुंज हो हिन्दी,

चमकते पुंज हो हिन्दी,

सलिल के अंक के वो

नीर का उफान हो हिन्दी।

विश्व से विचित्र हो हिन्दी,

हिन्द का चरित्र हो हिन्दी,

जगत पवित्र हो हिन्दी,

दृढ़ उरमित्र हो हिन्दी,

रणभव में उतरे सुमेरु सम

अजेय जवान हो हिन्दी।

हमारी पहचान है हिन्दी,

आत्मा समान है हिन्दी,

श्यामा की तान है हिन्दी,

बहारों का गान है हिन्दी,

अनुपम अनोखी ज्ञान पुज,

सत्य बुध्द महान है हिन्दी।

संकट की घड़ी में है हिन्दी,

इतिहास की हर कड़ी में है हिन्दी,

हिन्द की भाषा है हिन्दी,

हर दिल की अभिलाषा है हिन्दी

मुखाग्र बिन्दु में सुशोभित,

आकर्षक परिधान है हिन्दी।

हर दिल की धड़कन है हिन्दी,

मस्तिष्क का चिन्तन हो हिन्दी,

गान की तर्जन हो हिन्दी,

शान की गर्जन हो हिन्दी,

हर तारतम्य से परिपूर्ण,

संगीतमय विहान हो हिन्दी।

वर्षा सक्सेना

सम्प्रति : लेखिका
पता : पीलीभीत, उत्तर प्रदेश
दूरभाष : 8077053009

हिंदी की बिंदी

हिंदी की बिंदी में 'द' है,

शास्त्रों में भी दिखता 'श' है,

भूतल से 'भ' भाल लगाओ,

'क' का आधा अंश मिलाओ,

वतन का 'त' मिल जाएगा,

मिट्टी की खुशबू आएगी,

एक रवानी सी छाएगी,

हिंदुस्तानी ज्वार चढ़ेगा,

कदम कदम से जोश बढ़ेगा,

सरहद से फिर गुंजन होगा,

धरती का फिर चुम्बन होगा,

रग रग में फिर लहू चढ़ेगा,

कर कर में फिर ध्वजा चलेगा,

एक लहर सी इधर उठेगी,

एक लहर सी उधर उठेगी,

मस्तक सबके झुक जाएंगे,

वो 'शहीद' जब घर आएंगे,
हिम् आलय भी गल जाएगा,
नदी का पानी रुक जाएगा,
जब कोई साधारण सा युव,
देशभक्त इक बन जायेगा।

भारत @ 75

सह-रचनाकार

गणपत लाल उदय

सम्प्रति	:	सैनिक एवं कवि
पता	:	अजमेर, राजस्थान
दूरभाष	:	उपलब्ध नहीं

हम शरहद के रखवाले

हम मातृभूमि शरहद पर

करते रहते रखवाली

इसके लिए कुर्बानी देना,

समझते गौरवशाली।

इन घुसपैठियों, उग्रवादियों,

नक्शलवादियों से

भू-रक्षा के लिए भिड़ जाएंगे

आतंकवादियों से।

हम हर मौसम को सहने

और इसमें रहने वाले

चाहे पांव में हो जाऐ

गहरे हमारे अनेक छाले।

हो आंधी-तूफान चाहे

बादल छाए काले-काले

फिर भी इसको हँसके

सह जाते हम मतवाले।।

हम जंगल पहाड़ियों में

रहने वाले ऐसे बाशिंदे

लगातें नाक़े, गश्त,
पेट्रोलिंग लेकर के बंदूकें
भू-रक्षा में बहाना पड़े तो
बहा देंगे खून के नाले
है बहुत हमारे पास ये
गोला बारूद के संदूकें।
हम रखतें सदैव
जीत हासिल करने का जुनून
इस कदर का उबाल है
अवश्य ही हमारे ख़ून।
अपनें इरादों में विजय की
गूंज रखतें है सदैव
और अपनें तिरंगे का
रखते है सर्वदा ही मान।
इस आसमान से भी
ऊँची उड़ते हैं हम उड़ान
कदम-कदम पर चिंगारी
फिर भी घूमें जहान
यह वक्त आजमाए
जाता हमारी किस्मत को
हम लिए घूमते-रहते
सर्वदा बंद मुट्ठी में जान।।

नन्दिनी झा

सम्प्रति : लेखिका

पता : देवघर, झारखण्ड

दूरभाष : उपलब्ध नहीं

भारत की बेटियाँ

अब समझो ना इनको अबला

ये भी बंदूक उठाएँगी

ये भारत की बेटियाँ

बॉर्डर पर भी मिल जाएँगी

चूड़ी, बिंदी चूल्हा–चौका

इतने में सिमट ना रहना है

कभी तलवार की नोकों पर

तो कभी कलम से

दुश्मन को नचाएँगी

ये भारत की बेटियाँ

बॉर्डर पर भी मिल जाएँगी

ऐसी सोच को बदलकर रख देंगें

जो समझे औरत को खिलौना

गर वक्त कभी ऐसा आएगा

ये खुद हथियार उठाएँगी

ये भारत की बेटियाँ

बॉर्डर पर भी मिल जाएँगी

अब वक्त नहीं है रोने का
अब वक्त नहीं है खोने का
खुद की रक्षा स्वाभिमान के लिए
अब आवाज उठाएँगी
ये भारत की बेटियाँ
बॉर्डर पर भी मिल जाएँगी

नेहा झा मणि

सम्प्रति : लेखिका
पता : वाराणसी, उत्तर प्रदेश
दूरभाष : उपलब्ध नहीं

जागो साथियों

जागो साथियों

जागो साथियों…

जागो साथियों

हम भारत माँ की

कोख के संतान हैं,

माँ की आँचल में पले हम

उनकी कुमकुम के मान हैं

जागो साथियों

जागो साथियों…

धर्म को यूँ ना बाँटे हम,

दिलों की एक आवाज बनें

भाषाओं की भेद का,

एक सुर और साज बनें

हम हिन्द के…हम हिन्द के…

हम हिन्द के उदित भविष्य हैं,

हम ही जीत फरमान हैं

माँ की आँचल में पलें हम
उनकी कुमकुम के मान हैं

जागो साथियों
जागो साथियों…

जय करें उन शहीदों के,
जिसने प्राणों को गँवा दिया
लहूँ से सींच मीट्टी को,
हमें जीवन आसाँ दिया
हम उपवन के .. हम उपवन के ..
हम उपवन के कवच पुष्प हैं
हम दुश्मन के कृपाण हैं
माँ की आँचल में पलें हम
उनकी कुमकुम के मान हैं

जागो साथियों…
जागो साथियों…

भारत @ 75

सह-रचनाकार

रूबी गुप्ता

सम्प्रति : प्रधानाध्यापक
पता : कुशीनगर, उत्तर प्रदेश
दूरभाष : उपलब्ध नहीं

गज़ल

मुल्क़ से इश्क़ जिन्हें होता हैं
चैन से फिर वो कहाँ सोता है।

है शहादत ही दुल्हन उनकी,
और विदाई पर मुल्क रोता हैं।

गर मुहब्बत कोई निभाता है,
नूर इबादत कहाँ खोता है।

शान तिरंगे में लिपटा आऊँ,
ख़्वाब दिल में ये संजोता है।

जिनकी महबूब मौत होती है,
नज़्में अंदाज़ जुदा बोता है।

रूबी की रंगतें शिफ़ा उनपर,
रहमते मोतियाँ पिरोता है।

निशा ठाकुर

सम्प्रति : लेखिका
पता : खंडवा
दूरभाष : 7726060196

भारत की जयगाथा

लिख डालूँ स्वर्णिम इतिहास

अपनी कलम की धार से,

जो नहीं संभव कर पाना

तलवारों के वार से,

हो गाँधी, टैगोर, तिलक या सुभाष चंद्र बोस

है शौर्य उनके जैसा तो

कर लो विजय का घोष

हो सिंहनाद सा गर्जन

की गूँजे सारा संसार

हो मेरी मातृभूमि का,

पूरे विश्व में जय-जयकार

सत्य की मशाल जल उठे

हर घर, हर एक बाग में

मंजिलों को चूमती

ऊँचाइयाँ हो मार्ग में

कल्पना की सीढ़ियों पर

चढ़ चले ये देश

रह ना पाए राह में

अब बाधा कोई शेष

बढ़ चले अपना वतन

यूँ ही अमन के रास्ते

शांति और सुकून जहाँ हो

हर किसी के वास्ते

ईर्ष्या और द्वेष का

अब ना हो नामो निशान

मानवता बची रहे

और खुश रहे इंसान

इस गौरवशाली देश का

बस यही मूलमंत्र हो

स्वतंत्रता रहे सुरक्षित,

ना कोई परतंत्र हो

जब–जब भारत की जय गाथा,

हम गाएँ अभिमान से

तब–तब खुले नभ पर

तिरंगा लहराए अपनी शान से।

मुन्नी कामत

सम्प्रति : लेखिका
पता : साहिबाबाद, गाजियाबाद
दूरभाष : उपलब्ध नहीं

मैं शरणार्थी

याद है आज भी वह मंजर

जो नासूर बन हृदय में जिंदा है

कटवा कर पंख अपना

जीने को बेबस यह परिंदा है

देखा मैंने अपनों का नरसंहार

लूटीं गई माँ–बहनों की अस्मत

बच्चों के सामने बार– बार

कीमत क्या होती है मुल्क की

मैंने तब यह जाना था

जब न जमीं अपनी

न आसमां अपना था

धर्म के नाम पर न जाने यह

कैसा बंटवारा था

मारे गए मेरे सारे अपने

हम किस्मत वाले थे

जब लौटे स्वदेश अपने

यहाँ भी लगते सब पराये थे

अपने ही घर में बन शरणार्थी

सालों से घुटते आ रहे थे
कदर हमें भी है इस देश की
बार –बार गुहार लगा रहे थे
मिलती थी रुसवाई सभी से
क्योंकि हम शरणार्थी थे
मिला जो आज सम्मान मुझे
सारे जख्म भर गए
मवाद बन जो बह रहे थे
लगता है अब सूख गए।

भारत @ 75

सह-रचनाकार

अभिलाषा चौहान

सम्प्रति   : कवयित्री

पता   : जयपुर, राजस्थान

दूरभाष   : उपलब्ध नहीं

बोलता है ये तिरंगा

बोलता है ये तिरंगा

जागती है फिर जवानी

धड़कनों में देश धड़का

लिख रहा है नव कहानी ।

है गगन को चूमते अब

स्वप्न सुंदर से सुहाने

पंथ नवनिर्मित हुए हैं

टूटते बंधन पुराने

भारती का भाल चमके

विश्व भरता आज पानी ।

आत्म निर्भर देश अपना

आज चंदन सा बना है

वीरता प्रतिमान गढ़ती

शीश हिमगिरि सा तना है

लक्ष्य दुर्लभ हो भले ही

हार किसने देख मानी ।

कर्मयोगी लिख रहे हैं
अब नया अध्याय निशदिन
हो रही बुनियाद पक्की
खुल रहे नवद्वार अनगिन
नव उदय अब हो चुका है
छोड़ दो बातें पुरानी।

भारत @ 75

सह-रचनाकार

नन्दा ठाकुर

सम्प्रति : लेखिका
पत्ता : नई दिल्ली
दूरभाष : उपलब्ध नहीं

हिन्दी हैं हम

विविधताओं का रंग समेटे

एक ही फुलवारी के

कुसुम हम

संस्कारों की दुशाला ओढ़े

प्रगति के पथ पर अग्रसर

एक ही मंजिल के

राही हम

उत्तर से दक्षिण तक

पूरब से पश्चिम तक

पकवानों की थाली सजाए

एक ही आँगन के

बाशिंदे हम

तपती धूप में फसल बोते

जमती बर्फ में

सरहद पर तैनात

चाँद पर अठखेलियाँ

मंगल पर मुस्कुराते

आकाश की बुलन्दियों को छूते

नित नई उपलब्धियाँ

एक ही मंदाकिनी के तारे हम

ज्ञान हो विज्ञान हो

अर्थ हो शक्ति हो

सजग हम सुदृढ़ हम

मानवता की मिसाल हम

सत्य अहिंसा के तात्पर्य हम

धर्म जाति, भाषा बोली

गाँव शहर में बँटे

पर एकता की डोर से बँधे

सभ्यता संग विकासशील

हिन्दी हैं हम

बस, हिन्दी हैं हम।

बशिष्ट नारायण सिंह

सम्प्रति	:	वरिष्ठ लेखक
पता	:	ग्रेटर नोएडा (वेस्ट)
दूरभाष	:	9871222180

तिरंगा हमारा अभिमान

तीन रंगों से रंगा तिरंगा,

भारत की पहचान है

आन बान और शान तिरंगा,

हम सब का अभिमान है

बलिदानों का है प्रतीक,

रंग हमारा केसरिया

भर देता है जोश जहन में,

रंग हमारा केसरिया

हमें जगाये रखता हरदम,

रंग हमारा केसरिया

मन में भरता देश प्रेम की,

भाव हमारा केसरिया

मन हमारा निर्मल है,

हम सदाचार के पोशक हैं

शांति के हम प्रेमी हैं,

यह बात बताता रंग सफेद

हरा रंग हरियाली का है,

जो विकास का द्योतक है

भारत के कण – कण में,

इसीलिए हरियाली है

चक्र हमारा सिखलाता है,

रुकना ना कभी भी तुम

जिसने भी है कदम रोक ली,

समय निभाता नहीं है साथ

इन्हीं गुणों का समावेश कर,

बना तिरंगा हमारा है

ये तिरंगा भारत का है,

हर भारतवासी का शान है

आन हमारा बान हमारा,

शान हमारा तिरंगा है

लहर लहर लहरा दो तिरंगा,

यह अभिमान हमारा है।

प्रियंका प्रियदर्शिनी

सम्प्रति : लेखिका
पता : सीतामढ़ी, बिहार
दूरभाष : उपलब्ध नहीं

मेरा प्यारा भारत देश

मेरा प्यारा भारत देश

है इतना न्यारा

जिसे कहता कोई देवभूमि

तो कोई मानवता का जनक!

प्रेम, मित्रता, स्नेह, सद्भावनाओं से

भरपूर वातावरण

ऐसा देश है मेरा,

जहाँ ना डर

मुझे किसी बात की!

जीवन के अंतिम क्षणों में भी

जब पूछा जाएगा मुझसे

क्या शेष है इच्छाएँ तुम्हारी?

मैं बस कहना चाहूँगी

अपनी मातृभूमि भारत से,

देना मुझे हर बार जन्म

अपनी इस मिट्टी में ही,

क्योंकि वो ही तो सृजनकर्ता

मानवता का स्रोत है!

जब –जब अखबारों और चैनलों पर देखी

दुनिया की हकीकत,

तब–तब दिल को सूकून था

मैं भारत माँ की गोद में हूँ!

गुजारे हैं मैंने बेफ़िक्री से,

पने जीवन के सुनहरे पल,

बिना किसी खौफ और दहशत के!

मिली है, देश में मुझको खुद को

अभिव्यक्त करने की आजादी,

नही लेनी होती मुझे अनुमति

अपनी ही खुशियों का जश्न मनाने को!

मुझे मिली है अपने देश में

सबकुछ करने की आजादी

जो एक इंसा को इंसान

बनाये रखने के लिए है जरूरी!

एक उड़ते परिंदे सा,

एक खिलते गुलाब सा

बस जीना है मुझको माँ

तेरी ही जमीं और आसमां में!

इसलिए ऐ देश मेरे

हर बार जन्म लेना है मुझे

तेरी ही पनाहों में!

दीपिका झा

सम्प्रति : लेखिका

पता : पोखरौनी (मधुबनी)

दूरभाष : उपलब्ध नहीं

सरताज हिंद

ए शेर-ए-सरताज हिन्द!

तेरा दामन यूं ही आबाद रहे।

रहे आन सलामत तेरी सदा,

ध्वज तेरा ये आजाद रहे।।

मेरे रग-रग में तूं दौरता है,

तेरे कण-कण में मैं बसता हूं।

तेरे आंगन के हर फूल तो क्या,

मैं तिनके-तिनके पे मरता हूं।

जीता हूं तेरे संग में मां,

मर के भी तेरा-मेरा साथ रहे।

रहे आन सलामत तेरी सदा,

ये ध्वज तेरा आजाद रहे।।

तोरे अखंडता गर कोई

जीवन में उसके तबाही है

इस मिट्टी का हरेक बेटा

सेना है और सिपाही है

होकर शहीद मैं बिछड़ जाऊं

ये बात सदा अपवाद रहे

रहे आन सलामत तेरी सदा

ध्वज तेरा ये आबाद रहे

भारत @ 75

सह-रचनाकार

शोभा प्रसाद वर्मा

सम्प्रति : लेखिका

पता : गुरुग्राम, हरियाणा

दूरभाष : उपलब्ध नहीं

आज़ादी के 75 वर्ष 'अमृत महोत्सव'

जश्न-ए-आज़ादी, हिंद का महा-उत्सव!

मना रहे अमृत महोत्सव, हर गली-शहर!

कैसा सुकून दे रहा, जनता-जनार्दन को!

अँजुरी-अँजुरी, ख़ुशियों से, भर-भरकर!

आज़ाद हुए, दो सौ वर्ष ग़ुलामी सहकर!

गँवाए जो प्राण, झूल फाँसी के तख़्ते पर।

इस वतन की आबरू-ख़ुशबू, रहे बरक़रार,

चल जाग देशवासी, कर वतन का उद्धार!

बन श्रद्धा-स्पर्धा, देश को अग्रणी बनाने में,

सोच विशेष, कुछ नव-निर्माण-प्रारूप के।

स्लोगन, प्रवाहिनी सुधार, कुटीर-उद्योग बढ़ा,

वन डिस्ट्रिक्ट वन प्रोडक्ट, ये प्रोग्राम चला।

लोकतंत्र, रेहड़ी-पटरीवाले, का रख अभिमान,

समस्त भारतीयों को, डिजिटल-प्रशिक्षा दान।

नारी सशक्तिकरण हो, भ्रूण-हत्या कभी न हो,

नर-विशेष न कर विभेद, रखकर सम-सम्मान।

विश्व पटल पर छाए, यौगिक–बौद्धिक ज्ञान,
हिंदुस्तान की धरा पर, लाएँ अब नवल विहान।

हिंदी की अभिलाषा, हिंदी बने राष्ट्रभाषा!
हिंद के मस्तक की बिंदी, हिंदी ही है वो भाषा!
अब आज़ादी का 75 वर्ष, है अमृत महोत्सव!
अँजुरी–अँजुरी भर, ख़ुशियाँ मनाएँगे जमकर!

सुजाता प्रिय 'समृद्धि'

सम्प्रति	:	कवयित्री व संपादिका
पता	:	रांची, झारखंड
दूरभाष	:	उपलब्ध नहीं

हम भारत की बेटियाँ हैं

हम भारत की बेटियाँ हैं

इसका मान बढ़ाएँगी

देश की रक्षा के निमित्त हम

हँसकर प्राण गँवाएँगी।

कोई अपनी भारत माँ पर

बुरी नज़र जब डालेगा

इसकी धरती पर क़ब्जे का

मन में सपना पालेगा

हम संहार के लिए खड़ग ले

रणचण्डी बन जायेंगी।

देश की रक्षा के निमित्त.....

अब किसी की गुलामी

हमको है स्वीकार नहीं

मेरी पावन धरती पर

किसी का हो अधिकार नहीं

अपनी जौहर की ज्वाला में

दुश्मन को जलाएँगी।
देश की रक्षा के निमित्त.....

सीमा की रक्षा की ख़ातिर
हम प्रहरी बन जाएँगी
अपने घर के वीरों को भी
अपने साथ लगाएँगी
हम चुड़ावत की हाड़ा बन
मुण्डमाल बन जाएँगी।
देश की रक्षा के निमित्त.........

अपनी मेहनत व ताक़त से
बदलेंगी तक़दीर हम
फिर से जोड़ेंगी।
खण्डित भारत की तस्वीर हम
जिसे दुश्मन ने काट के बाँटा
उसको वापस लाएँगी।
देश की रक्षा के निमित्त.....

डॉ. भाविका जैन

सम्प्रति : लेखिका
पता : उदयपुर, राजस्थान
दूरभाष : 9460507485

मेरा देश महान

कण कण वो महान कि जिसमें

उपजे ज्ञान शौर्य और संस्कार

सत्य सनातन, पुण्य पुरातन

प्रातः वंदन वसुंधरा महान है।

रक्त संचरण में परिश्रम और

एक प्रबल वेग से ज्ञान बहे

क्षमता से परिस्थिति परिवर्तन

युगपुरुष प्रसूता धरा महान हैं

संपूर्ण विश्व में स्वतः प्रसारित

जन गण मन की ख्यातियां

लक्ष्मी सरस्वती सीता अहिल्या

ज्ञान धर्म की थातियां महान है

जिसकी रज से तिलक लगा

परिपूर्ण हुए मस्तक विशाल

धातु भी झेल ले जो दृढ़ता से

सीमा प्रहरी छतियां महान है

महान है वो विश्वास कि अब
हो अखण्डता चिर काल तक
स्वतंत्रता यज्ञ मे क्षण क्षण
आहूत श्वास श्वास महान है

भारत @ 75

सह-रचनाकार

रीता झा

सम्प्रति : लेखिका
पता   : कटक, ओडिशा
दूरभाष   : उपलब्ध नहीं

तिरंगा प्यारा

प्राणों से प्यारा अपना तिरंगा सदा आसमान में ऊँचा लहराए।

स्वतंत्र धरा पर श्वास सुख देता अनंत काल तक यह फहराए।।

तीन रंगों से बना तिरंगा, हर रंग कुछ न कुछ बताए।

सुख-समृद्धि, खुशहाली का पाठ हमें यह पढ़ाए।।

सबसे ऊपर केसरिया रंग होता जो वीरों की दास्तान सुनाए।

ओज़ भरे ऐसा कि भारत माता के लिए वीर प्राण न्यौछावर कर जाएँ।।

बीच में है रंग सादा जो सच्चाई और अमन का पैग़ाम सुनाए।

अमन व शांति के लिए देश के लोग आगे बढ़ सामने आए।।

हरा रंग सबसे नीचे, प्रतीक धरती का है हरियाली बताए।

हरी-भरी रहेगी धरती तभी सुख समृद्धि देश में आ पाए।।

चौबीस तीलियों वाला चक्र बीच में जो कर्तव्य का पाठ पढ़ाए।

रंग रूप वेश भाषा को भुलाकर मन में एकता का भाव जगाए।।

जब हम ऊँचा करें नाम देश का तिरंगा विश्व पटल पर फहराए।
जन गण मन के नाद संग विदेशी आसमान में भी लहराए।।

धन्य है भारत की भूमि जहाँ अनमोल जीवन हम सबने पाए।
प्रण लेते हैं हम करेंगे प्राण न्यौछावर गर संकट तिरंगा पर आए।।

कर्मवीर नागरिक मिलकर देश को विश्व में सर्वश्रेष्ठ बनाएँ।
खेल-कूद हो या ज्ञान-विज्ञान हर क्षेत्र में अपना तिरंगा लहराए।

मिली नहीं आज़ादी यूँ ही थे वीरों ने अपने प्राण लुटाए।
आजाद धरती मिली हमें आज हम कृतज्ञता अपनी जताएँ।।

प्राणों से प्यारा अपना तिरंगा सदा आसमान में ऊँचा ही लहराए।
स्वतंत्र धरा पर श्वास का सुख देता यह अनंत काल तक फहराए।।

देवेंद्र नारायण तिवारी

सम्प्रति : शिक्षक एवं कवि
पता : छतेसर, उत्तर प्रदेश
दूरभाष : 9305819930

भारत

भारत कभी भय से

भरता नहीं है,

कायर की कांव से

डरता नहीं है,

लगा देना ताकत तू

तलवार तक की,

भारत का वीर कभी

मरता नहीं है।

शत बार करूं वंदना,

वीरों के गुणगान की,

गाथा गर्व से कहूं मैं

मेरे भारत महान की,

जेल भी आजाद को,

लाठियों की मार भी,

पर गूंज कम नहीं हुई,

जय जय हिन्दुस्तान की।

भारत @ 75

सह-रचनाकार

मंजू मित्तल

सम्प्रति : कवयित्री

पता : ग़ज़ियाबाद, उत्तर प्रदेश

दूरभाष : 9891662000

जन्मभूमि

जननी जन्मभूमि को नमन वंदन,

शत, शत अभिनंदन, सुगंधित सुमन,,,,,

75, वर्षों का सफर इसके हृदय में समाहित,,

उफ़्फ़ न करती बस ताकती रहती,

आज़ादी के दीवानों को हर पल याद करती

ना जाति भेद था, ना वर्ण विचार

बस, बस तिरंगे के नीचे रहे भूल आकार, प्रकार

फिर, आंतरिक मतभेदों का बिगुल बजा,,,

ना जान पाई यह थी किस बात की सज़ा,,

प्रगति पथ पर सब उसे ले चले,,

उसको अनेक स्वप्न आंखों में दिए,,

न जाने कैसे 75 वर्ष पूर्ण हुए,,

मातृभूमि तब भी अचंभित थी,,,
जब दीवानगी की सीमा न थी,,

हतप्रभ सी वो आज भी सबको निहारती
मूक भाषा में सबको संदेश देती

न बाँटो मुझे किसी भी मत मतान्तों में,,
बस प्रगति पथ चुनो। मेरे तिरंगे तले,,,,,

सीमा शर्मा

सम्प्रति : शिक्षिका एवं कवयित्री
पत्ता : अहमदाबाद (गुजरात)
दूरभाष : 9558826615

देश मेरा अभिमान

मेरे भारत का इतिहास,

हम भारतीयों के लिए है खास।

जय मेरे भारत, जय जय हिंदुस्तान,

यह देश बना मेरा अभिमान।

देश के हर उस प्रहरी को मेरा सलाम,

जो भारत की रक्षा में देता अपना बलिदान।

गर्व से ऊंचा होता है मेरा माथा,

जब कोई मेरे देश की गाता है गाथा।

भारत विस्तृत विशाल है देश,

हर प्रदेश देता, परिवर्तित नया वेश।

मंदिर, मस्जिद, गिरजा और गुरुद्वारे,

दर्शाति देश में एकसूत्र नजारे।

लक्ष्य यही इस भारत का है,
आत्मनिर्भर बन, लोहा मनवाने का है।

जय जय भारत जय जय हिंदुस्तान,
हर ओर हैं इसका जय जय गान।

अपनी सेना पर हमें है अभिमान,
जल, थल, वायु सेना ने
बढ़ाई इस देश की शान।

यह देश हां है मेरा अभिमान,
मुझे ये देता है सम्मान, देता है मुझे ये सम्मान।

शैलेश सिंह 'शैल'

सम्प्रति : लेखक एवं कवि
पता : गोरखपुर, उत्तर प्रदेश
दूरभाष : 8460722274

ऐसे नही मिली थी आज़ादी

कैसे मिली थी आज़ादी गर इतना भी जान लो,

उन शहीदों की जिंदगी को पढ़ो और ठान लो ।

कि अब भी पिछड़े तबके को उठाना है बनाना है,

चलो उठो लड़ो उनके हक की रोटी दिलाना है ।

रेत सी फिसलती जिंदगी के दिन बहुत कम है ।

पथिक गर इस तरह चला तो जमाने बीत जाएंगे ।

तेरे सपने तेरे अपने तेरे हिम्मत के मजबूत इरादे,

तेरे विश्वास की मजबूत डोर, तन कर टूट जाएंगे ।

कठिन है रास्ते, कंटीली है डगर, पथरीली सी धरती ।

तपती धूप लूह की गर्म हवाओं के थपेड़ों में ।

बिना पानी पिपासा प्यासा घूमेगा व्याकुल बन,

तेरे माथे की सिलवटों से पसीने छूट जाएंगे ।

जो तू चाहता है, कर के दिखा दे आशियाने को,

शिखर तक जा, करतब दिखा दे इस जमाने को ।।

तू अब स्वतंत्र है इस देश की आबोहवा में ऐ दोस्त,

कितनो ने खेला था तब हाथ से जान की बाजी।

ऐसे नही मिली थी ताजपोशी हुई थी खून की होली,
लाखों हुए थे शहीद तब मिली थी आज़ादी।
कफ़न बाँधे हुए निकला था शूरवीरों की टोली,
भगत सिंह ने की थी हँसकर मौत से शादी।

मालती मिश्रा

सम्प्रति : लेखिका एवं कवयित्री
पता : मधुबनी, बिहार
दूरभाष : 8051801141

मातृभूमि और तिरंगा

जननी, मातृभूमि के लिए ही समर्पित
तन-मन करम भी जिसने की है अर्पित
उन वीर रत्न सपूतों के कारण ही
देश हमारा महान आज है गर्वित।।

आसां नहीं था आजादी पाना
सत्य अहिंसा को हथियार बनाना
जकड़े थे गुलामी की जंजीरों में
मुश्किल बहुत था प्यारा ध्वज फहराना।।

हमें मारा, अधमरा कर छोड़ दिया
अंग्रेजों ने पंखों को तोड़ दिया
योद्धाओं ने सपने साकार किये
अंग्रेजों, गोरों का मुंह तोड़ दिया।।

वीर कुंवर सिंह और भगतसिंह महान
खुदीराम चंद्रशेखर की जयगान
अंगारों पर चली लक्ष्मीबाई भी

कितने देशभक्तों ने दिए बलिदान।।

पन्द्रह अगस्त 1947 का दिन आया
नेहरू जी ने अपना ध्वज फहराया
कितनी लाशें बिछीं फिर हमने
स्वतंत्र भारत का उत्सव मनाया।।

लहू लाल रक्त सींचकर चमन खिलाया
जिन सपूतों वीरों ने अमन दिलाया
उनकी कुर्बानियां बेकार ना गयी
लालकिले पर ध्वज, तिरंगा लहराया।।

अब यह तिरंगा हमारी आन है
हमारे देश भारत की शान है
हम अब झुकने नहीं देंगे कभी
प्यारा तिरंगा हमारी जान है।।

हम लोग स्वतंत्रता दिवस मनाते हैं
लोकतंत्र का डंका हम बजाते हैं
पन्द्रह अगस्त को स्वतंत्र हुए, गर्वित हम
भारतीय हम, हिन्दुस्तानी कहलाते हैं।।

पायल संथालिया

सम्प्रति   :   कवयित्री
पता   :   गिरिडीह, झारखंड
दूरभाष   :   7488223870

मेरे देश का तिरंगा

यूँ ही नहीं मेरे देश का तिरंगा

इतने शान से लहराता है,

कितने ही वीर सपूतों के

बलिदान की गाथा गाता है।

चाहे कैसे भी भीषण हों हालात

इस देश का बेटा टकराता है।

सर्दी, गर्मी, बर्फ और बारिश

नहीं किसी से घबराता है।

तब जाकर मेरे देश का तिरंगा

इतनी शान से लहराता है

जीवन का यौवन, घर का वो आँगन

वह फर्ज के नाम कर जाता है।

होली, दिवाली हो, या कोई त्योहार

सरहद पर ही उसे मनाता है।

तब जाकर मेरे देश का तिरंगा

इतनी शान से लहराता है

अपने परिवार की खुशियों को
वह ताक पर रखकर आता है।
जीवन का मोह नहीं करता
और लहू से सनकर घर आता है।
तब जाकर कोई देश का मुखिया
बड़े शान से इसे लहराता है।

विभा मेहता

सम्प्रति   : कवियित्री
पता   : शाजापुर, (मध्य प्रदेश
दूरभाष : 9713883435

देशभक्ति

इतिहास के पन्नों में

दर्ज है जिनका नाम

वो आजादी के दीवाने

है देश की शान।

धरती के लाल थे वे

सपूत देश के हुए।

आजादी के लिए अपना

सर्वस्व न्योछावर किए।

करते माटी को प्रेम वे

माटी के लिए ही मर मिटे।

थे रण बांकुरे कई वे

नाम हम किस- किस के चुनें?

एक से बढ़कर एक थे योद्धा

फाँसी तक पर झूल गए।

नहीं सताता डर उन्हें

अंग्रेजों को शिकस्त दिए।

अनगिनत थे वे वीर

शहादत से करते थे प्यार।

उन भारत माँ के लाल पर

आज भी है देश को नाज़।

मंगल पांडे, भगत सिंह

सुखदेव, आजाद

गाँधी, तिलक

हुए एक से एक महान।

प्राणों की आहुति देने को

रहते सदा तैयार,

देश के लिए प्रेम अमिट था

रखते हथेली पर अपनी जान।

करो या मरो था बापू का नारा

इंकलाब जिंदाबाद से

भगत सिंह को पहचाना।

वंदे मातरम्बं किम चंद्र चटर्जी ने रचा।

आज भी बहुत खूबसूरती से गाया जाता।

तुम मुझे खून दो, मैं तुम्हे आजादी दूँगा

सुभाष चन्द्र बोस ने ये नारा था लगाया।

नारे उनके ये आज भी दोहराए जाते हैं,

बच्चों को हम उनकी जब वीर गाथा सुनाते हैं।

उनकी ही कुर्बानी से मिली हमें आजादी

धन्य हैं हम और धरा हमारी जो हम उनकी

गौरव गाथा गाते हैं।

भारत @ 75

सह-रचनाकार

शाहाना परवीन

सम्प्रति : कवयित्री व समीक्षक
पता : मुज़फ्फरनगर, उत्तर प्रदेश
दूरभाष : उपलब्ध नहीं

अहिंसा के पुजारी गाँधी जी

कौन कहता बंदूक ही से जंग जीती जा सकती है?
कौन कहता हिंसा से स्वतंत्रता हासिल की जा सकती है?

बिना गोले बरसाए बापू ने शत्रुओं के छक्के छुड़ा दिए।
अपने मन की शक्ति से, शत्रुओं को मज़े चखा दिए।

2 अक्तूबर जन्मदिन बापू का, आपस में प्रण हमें करना है।
देश बचाना गद्दारों से देश को विश्व विजयी करना है।

साधारण वस्त्रों में रहते थे, किसी से कुछ नहीं लेते थे।
धड़कन सुनते थे सबकी, मानव हृदय में बसते थे।

सत्य के मार्ग पर चलकर, देश भक्ति का पाठ पढ़ाया।
वाणी से बरसता था अमृत, सबको सम्मान दिलाया।

हम श्रद्धा से याद करें, गाँधी जी के बलिदान को।
अहिंसा के मार्ग को, उनके अटूट विश्वास को।

हिंदू मुस्लिम सिख ईसाई, थे साथ बापू के।
अंग्रेज थे अचंभित जब सब होते साथ बापू के।

बापू ने एकता- अखंडता को, सर्वोपरि स्थान दिया।
सबसे बड़ा धर्म "मानवता" का, हृदयों में स्थान दिया।

चरखे के ताने बाने से भारत का इतिहास बदल दिया।
लोगो के मन में खद्दर के प्रति विश्वास और लगाव भर दिया।

दृढ़ता और अहिंसा से, स्वतंत्रता दिलाई देश को।
अंग्रेजों ने डरकर मुक्त किया हमारे भारत देश को।

सरिता कुमारी सैनी

सम्प्रति : पी-एच.डी शोधार्थी
पता : दोइमुख, अरुणाचल प्रदेश
दूरभाष : 9366453881

भारतवासी

मैं भारत का निवासी हूँ

मैं भारतवासी हूँ।

न हिन्दू हूँ, न मुस्लिम हूँ

न सिक्ख हूँ, न ईसाई हूँ

न बौद्ध हूँ, न जैन हूँ,

न अन्य धार्मिक पहचान हूँ

मैं भारत का निवासी हूँ

मैं भारतवासी हूँ।

न उत्तरी हूँ, न दक्षिणी हूँ

न पूर्वी हूँ, न पश्चिमी हूँ

न मध्य प्रांत का वासी हूँ

मैं भारत का निवासी हूँ

मैं भारतवासी हूँ।

भारत @ 75

सह-रचनाकार

डॉ राघवेन्द्र कुमार सिंह

सम्प्रति : सहायक प्राध्यापक (अंग्रेज़ी)
पता : डाल्टनगंज, झारखण्ड
दूरभाष : 9973135332

मैं तुझपे सर्वस्व लुटाऊंगा

वह जो भूखा-प्यासा, नंगा, उदास है

वह जो है बीमार, है दूर-दूर और जो पास-पास है

वह जिसकी दरिद्रता, कातरता में नारायण का निवास है

मैं उसके दर पे मत्था टेकूंगा

स्वश्रम के शोणित बूंदों से

उन नेत्रों में आशा के फूल खिलाऊंगा।

ऐ मातृभूमि! मैं तुझपे सर्वस्व लुटाऊंगा।

ऐ मातृभूमि! मैं तुझपे सर्वस्व लुटाऊंगा।

वह जिनकी आवाज़ों को कोई सुनता नहीं

बेबस, असहाय, निर्बल, गूंगे, लंगड़ों को कोई कभी चुनता नहीं

मैं उन लाचारों को अपना कंधा दूंगा

दूरदर्शिता के दूरबीन से, अहर्निश कर्म के रात-दिन से

प्रीति स्निग्ध सर्वशक्तिमान नव भारतवर्ष बनाऊंगा।

ऐ मातृभूमि! मैं तुझपे सर्वस्व लुटाऊंगा!

ऐ मातृभूमि! मैं तुझपे सर्वस्व लुटाऊंगा।

त्याग, समर्पण की इस बेला में

गांधी, कलाम, अशोक संग सूरमा कहलाऊंगा

ऐ वसुंधरा! मैं तुझपे अपना सौ–सौ शीश चढ़ाऊंगा!

ऐ मातृभूमि! मैं तुझपे सर्वस्व लुटाऊंगा!

ऐ मातृभूमि! मैं तुझपे सर्वस्व लुटाऊंगा।

भारत @ 75

सह-रचनाकार

आचार्य गोपाल जी

सम्प्रति	:	शिक्षक एवं कवि
पता	:	बरबीघा शेखपुरा बिहार
दूरभाष	:	97716 75729

मेरा हिंदुस्तान

स्वर्ग-सा सुंदर सबसे प्यारा, न्यारा है मेरा हिंदुस्तान।

गंगा यमुना कृष्णा कावेरी, नित करती है जय गान।।

नित करती है जय गान, सदा-ही ये खेतों को सींचे।

रत्न और खनिज भरे हैं, इस अनुपम धरा के नीचे।।

मुकुट हिमाला-से शोभित सिर, सागर धोए नित पाँव।

हरियाली है लहंगा इसका, हृदय है इसका का गांव।।

हर बाला में राधिका, बालक छेड़े मुरली की तान।

प्रेम की धुन बस गूंजता, सबका करते हैं सम्मान।।

सबका करते हैं सम्मान, सभी जन लगते हैं प्यारे।

आजाद अकेला है यह जग में, लोग हैं जिसके न्यारे।

आजाद कहे करजोरि, प्रीत तुम सदा सबसे साधो।

ज्ञान-दीप जलाओ जग में, अपने सिर पे साफा बांधो।।

भारत @ 75

सह-रचनाकार

रविशंकर साह

सम्प्रति : कवि/साहित्यकार
पता : देवघर, झारखंड
दूरभाष : 7488742564

जय जवान - जय किसान

जय जवान – जय किसान।
तुमदोनों ही हो, देश की शान।

जय जवान – जय किसान।
तुमसे ही है अपना देश महान।

दोनों की करनी एक समान
दोनों ही देते हो देश को प्राण।

एक देश की रक्षा करता,
देश के खातिर मर मिट जाता।

दूजा देश का पेट है भरता।
सर्दी गर्मी जाड़ा है सहता।

जय जवान – जय किसान
हमसब करते तुम्हें सलाम।।

भारत @ 75

सह-रचनाकार

आशा शुक्ला

सम्प्रति : लेखिका
पता : शाहजहांपुर, उत्तरप्रदेश
दूरभाष : 9140728450

जय जवान जय किसान

एक उगाए अन्न देश में,

एक संभाले सीमा।

लगे निरंतर श्रम में दोनों

कोई काम ना धीमा।

इन दोनों के हैं काम महान

बोलो जय जवान जय किसान।

सजग देश के ये प्रहरी है,

आँखे चौकस रहती हैं।

जरा सा दुश्मन आँख दिखाये,

फौरन बंदूक गरजती है।

अपने देश पर इनकी जाँ कुर्बान

बोलो जय जवान जय किसान।

चाहे गर्मी हो, या सर्दी हो,

या फिर मेघ बरसते हों।

जाड़ा –ताप सहें निरंतर,

चाहे घर जाने को तरसते हों।

सबसे पहले ये देते फर्ज को
मान बोलो जय जवान जय किसान।

अन्नदाता ये अपने देश के,
कठिन परिश्रम करते हैं।
बहा पसीना अन्न उगाते,
किसान पेट देश का भरते हैं।
भोले- भाले दुनियादारी से अनजान,
बोलो जय जवान जय किसान।

भारत @ 75

सह-रचनाकार

मनीषा झा

सम्प्रति : लेखिका
पता : रामपुर (सनकोर्थु)
दूरभाष : 8678827409

नारी दशा की दिशा

देश भक्ति की भावना

भरी थी उसमें कूट-कूट

हर नारी जहाँ खाना पकाती –

चुल्हे फूट - फूक

पूरा दिन कच्चे ईर्धन जला – जला कर

उस धूएँ में रोती रहती

ऑंखें मुन्द मुन्द

उस अमूल्य अश्रुधारा के

दर्द को महसूस कर

देश हित में क्या सबसे

महत्त्वपूर्ण काम

स्वंय सहायाता समूह की –

गांठ बाँध – बाँध

हस्त कला को दिया स्थान

हर गाँव हर शहर की बहू बेटियों ने

बनाई अपनी अलग पहचान

आत्मनिर्भर बनकर देश विदेश में

पाई सर्वोच्च स्थान।

अब न घबड़ाती वो न डरती

पल रही पेट में अंश की न

लिंग जांच करवाती

मन ही मन वो मुस्कुराती

मन की बात जब सुनती।

वसुधा श्रीवास्तव

सम्प्रति : व्याख्याता हिंदी
पता : भोपाल, मध्य प्रदेश
दूरभाष : उपलब्ध नहीं

हमारा गौरवान्वित राष्ट्र

प्राणों से भी प्यारा है, भारत देश हमारा है,

विश्व बंधुत्व की भावना, यह संदेश हमारा है।

राष्ट्र की रक्षा करना प्रथम कर्तव्य हमारा है,

विश्व विजयी तिरंगा हम सबको प्राणों से भी प्यारा है।

हम सब मिलकर करें प्रतिज्ञा राष्ट्र का मान बढ़ाएंगे,

अपनी मेहनत के दम पर गौरवान्वित राष्ट्र बनायेंगे।

हाथ मिलाकर चलना है सुख-दुख साझा करना है,

ईर्ष्या- द्वेष का भाव त्याग कर, निस्वार्थ सेवा करना है।

राष्ट्रीय पर्वों को अवकाश मानकर आलस्य कभी नहीं करना है,

प्रात: काल होते ही हम सबको झंडा वंदन करना है।

ध्वज लहराता नील गगन में राष्ट्र-प्रेम जगाता है,

जनवरी माह के आते ही गणतंत्र दिवस याद आ जाता है।

संकट चाहे कितने भी आएँ, उनसे कभी नहीं डरना है,

वीर शहीदों का बलिदान याद कर हमको आगे बढ़ना है।

अनेकता में एकता का भाव सदा हृदय में रखना है,

कर्तव्यनिष्ठ नागरिक बनकर, जीवन पथ पर चलना है।

लक्ष्य प्राप्त जब तक ना हो जाए कदम कहीं नहीं रुकना है,

शत्रुओं का सामना डटकर करना और उनको पीछे करना है।

भावी पीढ़ी को सिखायें, कि राष्ट्र का सम्मान करना है,

राष्ट्र के खातिर प्राण भी जाएँ इसकी चिंता नहीं करना है।

नर – नारी में रहा न अंतर, गौरव दोनों बढ़ाते हैं,

उनके उत्कृष्ट प्रदर्शन ही आज विश्व में राष्ट्रीय ध्वज फहराते हैं।

वेद, पुराण, रामायण, गीता की रचना करने वाला गौरवान्वित राष्ट्र हमारा है,

आयुर्वेद, योगा, मंत्र और वैज्ञानिकों का जन्मदाता प्यारा राष्ट्र हमारा है।

देशभक्ति के भावों से सदा परिपूर्ण रहे हृदय हमारा,

संविधान को मान्यता देने वाला शुभ गणतंत्र दिवस हमारा है।

विश्व विजयी तिरंगा प्यारा भारत देश हमारा है,

वसुधैव कुटुंबकम् को अपनाना सदा से ही लक्ष्य हमारा है।

डॉ. राजरानी अरोड़ा

सम्प्रति : प्रधानाचार्य
पता : सीकर, राजस्थान
दूरभाष : 9460863798

उपवन नया सजायेंगे

केसरिया बाना पहनेंगे, सीमा पर हम डटे रहेंगे।

मातृभूमि की रक्षा करने, दीवानों के शीश सजेंगे।।

चाहे हो फ़ौजी की सेवा, और हो कोई मानव सेवा।

कर्म हो या फिर धर्म की रक्षा, वीर कभी पीछे न हटेंगे।।

वीरांगना का मान बढ़ाते, बहिनों के भाई बन आते।

शीश मात का ऊँचा करते, तात भी हम पर गर्व करेंगें।।

कोरोना से जंग लड़ेंगे, वालेंटियर बन सदा बढ़ेंगे।

मानवता की रक्षा करने, प्रहरी बन कर सदा रहेंगे।।

दर्द दु:खों के मिटा सकेंगे, निर्बल का बल बन जाएँगे।

अश्रु-कणों को पौंछ के सबके, गीत खुशी के सुनायेंगे।।

पवन बसन्ती लाएँगे, कोमल कलियों को खिलायेंगे।

भारत की पावन भूमि पर, उपवन नया सजायेंगे।।

भारत @ 75

सह-रचनाकार

कला भारद्वाज

सम्प्रति : कवयित्री

पता : शिमला, हिमाचल प्रदेश

दूरभाष : 98054 88180

देश के लिए जब युवा लड़ेगा

देश के लिए जब युवा लड़ेगा,

देश प्रेम सब का ध्येय रहेगा।

खुद से ज्यादा चाहेगा देश को

विश्व शीर्ष पर लाएगा देश को

दुश्मन न फिर मुड़ कर देखेगा

देश के लिए जब युवा लड़ेगा,

देश प्रेम सब का ध्येय रहेगा।

जाति धर्म से ऊपर उठ कर

देश हित में सब सोचे मिलकर

तभी तो देश का मान बढ़ेगा

देश के लिए जब युवा लड़ेगा,

देश प्रेम सब का ध्येय रहेगा।

एक ही नज़र जब सब को देखें

विकास पथ पर सब साथ ले के

भेदभाव का जब त्याग करेगा

देश के लिए जब युवा लड़ेगा,
देश प्रेम सब का ध्येय रहेगा।

सम्मान कर अपनी संस्कृति का
स्वर भर अखंडता में एकता का
भ्रष्टाचार को दरकिनार करेगा
देश के लिए जब युवा लड़ेगा,
देश प्रेम सब का ध्येय रहेगा।

माधुरी शर्मा

सम्प्रति : शिक्षिका, कवयित्री
पता : दिल्ली
दूरभाष : उपलब्ध नहीं

मातृभूमि को नमन

हे मातृभूमि ...हे राष्ट्र धरा

कण–कण में तेरे .. बस प्रेम भरा...

तू गाँधी भूमि ....तू ऋतंभरा ..

हर दिन है तेरा ...एक उत्सव नया ..

झाँसी की रानी ..श्रृंगार तेरा..

है ईश्वर समकक्ष ..आशीर्वाद तेरा ..

भगत, सुभाष है ..स्वाभिमान तेरा ..

तू मात् मेरी ..मैं पुत्र तेरा ..

महाराणा प्रताप की आन है तू...

बलिदान गाथा की शान है तू ..

सूर तुलसी की गाथा तू...

हर दिल में छुपा अरमान है तू ...

तुझ में कित्तूर की रानी चेन्नम्मा ..

हम धरती पुत्र, तू धरती माँ ..

रग रग में बहता लहू है, तू ..

हर मन में पलता उत्थान है तू ..

हर वीर सपूत की मंज़िल तू ..

रक्त रंजित इतिहास की अंकित कथा है तू...

तू सर्वस्व, तू है व्यापक, तू मर्मस्पर्शी,

एक दर्शन तू.. हिंदू तू, हिंदुत्व तू

..एक अविस्मरणीय आकर्षण तू

कण कण में तेरे, बस प्रेम भरा ..

एक सुगंधित चंदन तू, नंदन तू, अभिनंदन तू ...

हृदय से निकला कोटि-कोटि हर्षित नमन है तू...

दिव्या चौधरी

सम्प्रति : शिक्षिका / लेखिका
पता : दरभंगा, बिहार
दूरभाष : 8757317028

तिरंगा

तिरंगे में लिपटा हुआ
जब बेटा घर को आया था

माँ का दिल चीर-चीर कर
लाल कहकर उसे बुलाया था

बहन की चीख़ गूँज-गूँजकर
भाई को पुकार रही थी

पत्नी खुद की सुध-बुध खो
चौखट तक दौड़ी आई थी

माँग से धुल गया सिंदूर और
सूनी हुई कलाई थी

रोते-बिलखते छोटे बच्चे
जब लिपटकर बोले

अब पापा किसे बुलाएँगे!
तीज-त्योहार में इस घर को

अब कैसे हम सजाएँगे!
देश की रक्षा करते हुए

दे गया वह अपने प्राण
कुर्बान कर दी अपनी जान

झुकने ना दी तिरंगे की शान।
झुकने ना दी तिरंगे की शान।

डॉ. मीनी झा 'साक्षी '

सम्प्रति : लेखिका
पता : दरभंगा
दूरभाष : 7488409549

वीरों की भूमि

भारतवर्ष है त्याग की मूर्ति

बलिदानों की है भूमि,

महारानी लक्ष्मी बाई की

शौर्य वीरता की कहानी।

स्वतंत्रता की बलिवेदी पर

दिए सपूतों ने बलिदान,

भगत सिंह जैसे अथक वीरों पर

आज़ाद भारत बना महान।

स्वाबलंबन के पक्षधर थे

स्वर्णाक्षर में जिनका नाम,

त्याग की मूर्ति, देश की भक्ति

लाजपतजी ने दिए बलिदान।

हृदय सम्राट थे चाचा नेहरू

अमरकृतियाँ हुईं प्रदान,

'मेरी कहानी ' 'भारत की खोज ' से

कर्मठ देशभक्त बने प्रधान।

वीर सपूत क्रांतिकारी योद्धा

नेताजी था प्यारा नाम,

खून बहाकर मिली आज़ादी
ऐसी धरा को शत –शत प्रणाम।
'करो या मरो' का दिया था नारा
स्वदेशी जिनका अभिमान,
ज्यों लहराया आज़ादी का झंडा
शहीद हुए बापू महान।
यह धरती है उन माताओं की
जिसने अपने वीर सपूत दिए
न्योछावर कर अपने प्राणों को
आज़ादी का शंखनाद किए।
इस देश के वीर जवानों को
जिन माता –पिता ने जन्म दिया
मातृभूमि की सेवा में अपने प्राणों को
समर्पित करने का संकल्प लिया।
लाखों चिराग़ बुझकर जो
देश को अंग्रेजों से मुक्त कराए
स्वयं घर के दीये बुझ गए
पर उसे कोई देख न पाए।
इस धरा की वीर माताओं के
जो शहीद हुए अनमोल रतन
स्वतंत्रता के लिए शीश झुकाकर
'साक्षी' बन करें हम शत –शत नमन।

अंजू उदिता

सम्प्रति : लेखिका और शिक्षिका
पता : मोहाली, पंजाब
दूरभाष : 8054577396

ऐसा देश हमारा

सबसे सुंदर सबसे न्यारा

ऐसा देश हमारा

हम इसके वासी हैं

यह हमें जान से प्यारा,

इसकी गोदी में पल कर

खिले पुष्प के जैसे

आँख उठाए कोई इस पर

सह सकते हैं कैसे ?

देशभक्तों ने जब दी

निज प्राणों की आहुति

तब अनमोल कुर्बानी

लाई स्वतन्त्रता- द्युति,

वीरांगना लक्ष्मीबाई ने

अंग्रेज़ों को ललकारा

आज़ादी की ख़ातिर

तन – मन– धन सब वारा,

ऐसी भावनात्मक एकता

जो हर दिल को छू ले

राजगुरु, सुखदेव ; भगत सिंह

यहीं फाँसी पर झूले,

वीरसुभाष, उधमसिंह,

लालाजी के थे ऊँचे आदर्श

नेहरू गाँधी कलाम जी ने

तो देखो छू लिया अर्श,

सोने की यह चिड़िया

अब करती डाल डाल बसेरा

सोंधी माटी की खुशबू से

झूमता मन मयूर मेरा,

गंगा यमुना कलकल बह

जीवन संगीत सुनाएँ

ऊँचे ऊँचे पर्वत प्रहरी

इसकी आन- बान बढ़ाएँ,

कहो भाई क्या समझे हो,

हैं किस देश की बातें ?

शुद्ध चाँदी जैसी होती हैं

इस सुंदर देश की रातें,

इस देश के बच्चे-बच्चे का

यही तो प्यारा नारा है

यह भारत देश हमारा है

यह भारत देश हमारा है।

भारत @ 75

सह-रचनाकार

नीलम कुमारी

सम्प्रति : लेखिका
पता : दरभंगा, बिहार
दूरभाष : उपलब्ध नहीं

हमारा नूतन नवीन देश

विश्व के क्षितिज पर जगमगाता

हमारा नूतन नवीन देश

चकमक –चकमक

जगमग–जगमग

हमारा नूतन नवीन देश

विश्व की आँखो से आँख मिलाता

हमारा नूतन नवीन देश

एक नयी गरिमा की ओर बढता

हमारा नूतन नवीन देश

बात करें शिक्षा की या

आधारभूत संरचना की

बात करे जीडीपी की

या नित नवीन कल्पना की

सभी क्षेत्रो में हक्क जमाता

हमारा नूतन नवीन देश

मिसाइल की बात हो या
बात हो विश्व शान्ति की
विश्व गुरु बनकर इतराता

हमारा नूतन नवीन देश।।

मनोज कुमार कपरदार

सम्प्रति	:	लेखक व पत्रकार
पता	:	रांची, झारखंड
दूरभाष	:	8210924546

देश वन्दना

हिंद हमारा जान से प्यारा

हम इसे निभायेंगे,

संतान हैं इस माटी की

इसको पवित्र बनायेंगे।

सत्य अहिंसा की जन्मभूमि

इसको उर्वरा बनायेंगे,

हम ही राह दिखाने वाले

हम ही राह बन जायेंगे।

इसकी स्वतंत्रता अक्षुण्ण रहे

सौ खुदीराम बन जायेंगे,

चढ़ाने के लिए मां के चरणों पर

हम स्वयं पुल बन जायेंगे।

हिंद के सर पर ताज रहे

हम हिंदुस्तानी की शान रहे,

रखने को मान तुम्हारा मां

सौ सौ जान कुर्बान रहे।

हिंद हमारा जान से प्यारा

हम इसे निभायेंगे।

विनीता सिंह 'आरूषि'

सम्प्रति   : लेखिका
पता   : ग्रेटर नोएडा, उत्तर प्रदेश
दूरभाष   : 8800509520

नया भारत @75

आओ हम सब मिलकर एक नया इतिहास बनाते हैं।

भाईचारे का सबको मिलकर अब पाठ पढ़ाते हैं।

नई सोच और नई उमंगें भारतवासी की शान है।

नित नए-नए प्रयास करें ये, इन पर सबको अभिमान है।

थकना नहीं है जाना इसने, झुकना कभी न जाना है।

वीर सपूतों ने न जाने, कितने दिए बलिदान हैं।

दुश्मन को भी झुकने पर मजबूर किया है वीरों ने।

सीमा की रक्षा करते हुए, बलिदान दिया है सपूतों ने।

ना भेदभाव, ना ऊंच-नीच हो, ऐसा मेरा हिंदुस्तान हो।

जहां जाति-धर्म और संप्रदाय में प्रेम और सद्भाव हो।

भूखे पेट कोई ना सोए, कोई ना लाचार हो।

गांव-गांव और शहर-शहर में शिक्षा का प्रसार हो।

क्षेत्रवाद और जातिवाद से हर भारतवासी दूर हों।
गांवों को विकसित कर दें तो, वो भी फिर खुशहाल हों।

न बलात्कार, न हत्या हो, समाज का यूं विकास करें।
ना दहेज हो, ना उजड़े घर कोई, सभी का हम सम्मान करें।

आधुनिक संसाधनों से आओ इस देश का उद्धार करें।
गरीबी और भुखमरी को मिटाकर देश का पुनर्निर्माण करें।

सुधा सिंह 'व्याघ्र'

सम्प्रति : शिक्षिका एवं लेखिका
पता : मुम्बई, महाराष्ट्र
दूरभाष : 8591137655

देना ऐसा आशीष मुझे....

देना ऐसा आशीष मुझे,

मेरी श्वास चले बस तेरे लिए।

रग में साहस वह भर देना,

जो लहू बहे हो तेरे लिए।।

यह राम लला, कान्हा की धरा,

जहाँ योद्धाओं ने जन्म लिया।

माटी को तेरी चूम– चूम,

वीरों ने तन– मन वार दिया।।

इस माटी में मिल जाऊँ तो,

सौभाग्य है माँ यह मेरे लिए।

जो आँख दिखाएगा तुझको,

उस दुश्मन को न छोड़ेंगे।

कभी आँच नहीं आने देंगे,

अरि गरदन को हम तोड़ेंगे।।

खाई है कसम हमने यह माँ,

तेरी माटी के ही फेरे लिए।

अमृत महोत्सव की हे माँ,

तुझे आज बधाई देते हैं।

जगमग दमके तेरा भाल सदा,

हम तेरी बलाएँ लेते हैं

तेरी कीर्ति चहुदिश अमर रहे,

हम करें दुआएँ तेरे लिए।

रंग केसरिया, धानी, श्वेत

उत्तुंग शिखर लहराता है।

वीरों की धात्री, भारत माँ,

हम सब की भाग्य विधाता है।।

मुझे और कोई भी चाह नहीं,

बस जिऊँ तो माँ बस तेरे लिए।

मीना सिंह 'मीन'

सम्प्रति : निजी व्यवसाय
पता : नई दिल्ली
दूरभाष : उपलब्ध नहीं

सुन पिया देशभक्त

जब–जब रचाती हूँ मेहंदी से मैं दोनों हाथ अपने,

सुन पिया तुझसे मेरी ये मोहब्बत बढ़ती जाती है।

जब सूखती है मेहंदी लगने के बाद मेरे हाथों में,

सुन पिया तेरी उल्फ़त देख ये "मीन" मुस्कुराती है।

जब चढ़ता है सुर्ख रंग मेरी मेहंदी का मेरे हाथों में,

सुन पिया तेरी चाहत धड़कनों पर चढ़ती जाती है।

मेरी सखियाँ छेड़ती हैं मुझे रंग देख मेरी मेहंदी का,

सुन पिया उनकी छेड़खानियाँ मेरे दिल को गुदगुदाती हैं।

बैठ फिर तन्हाई में, मैं देखती हूँ रंग अपनी मेहंदी का,

सुन पिया तेरे प्रेम की हद भी ये मेहंदी मुझे बताती है।

अपने हथेली में लिखती हूँ हर बार नाम तेरा मेहंदी से,

सुन पिया हथेलियों को अपने चेहरे पर जब लगाती हूँ।

उसकी ख़ुशबू में भूल जाती हूँ अक्सर इस दुनिया को,

सुन पिया संग न होकर भी तुझे मैं संग अपने पाती हूँ।

सरहद पर तुम खड़े हो, देश की सेवा के लिए बेशक,

सुन पिया मैं करवा चौथ रख तुझे चाँद में देख पाती हूँ।

करती हूँ रोज मन वचन से यही प्रार्थना अपने ईश्वर से,

सुन पिया तेरी लम्बी उम्र की दुआ मैं हर रोज़ मनाती हूँ।

बड़ा मुश्किल है ये जीवन देशभक्त का ये समझती हूँ मैं,

सुन पिया तेरी देशभक्ति व प्रेम को नित शीश झुकाती हूँ।

भारत @ 75

सह-रचनाकार

नीति पारती

सम्प्रति : शिक्षाविद, कवयित्री
पता : उपलब्ध नहीं
दूरभाष : उपलब्ध नहीं

एक फौजी का प्रेम पत्र

यहाँ बर्फ काफी पड़ रही है पर मैं ठीक हूँ

फ़ौज हमारा खूब ध्यान रखती है

मेरी छुट्टी की अर्ज़ी मंज़ूर हो गयी है

मैं अगले महीने चार दिन के लिए आ रहा हूँ

तुम अपना ध्यान रखना मुन्ने को प्यार तुम्हारा....

किसी सैनिक की पत्नी से पूछ लीजिये

जिसकी ज़िन्दगी इन्हीं अंतर्देशीय पत्रों के सहारे कटी हो

जिनके इंतज़ार और प्यार में बच्चों की परवरिश हो गयी हो

बाल चांदनी हो गए हों

इस से प्यार भरा प्रेम पत्र दुनिया में हो नहीं सकता!

जीवन भर की पूँजी होते हैं ये प्रेम पत्र

जीने का सहारा होते हैं देश प्रेम की स्याही से लिखे ये शब्द

कौन कहता है कि सैनिक अकेला देश का रक्षक है

उसका परिवार हर लिखित शब्द से उसका साहस कायम रखता है

और कदम से कदम मिला कर देश की सेवा में शामिल रहता है।

प्रीति झा

सम्प्रति : कवयित्री
पता : नई दिल्ली
दूरभाष : उपलब्ध नहीं

हमर देश भारत

देश हमर अभिमान हमर,

शक्ति समृद्धि व ज्ञानसँ भरल।

स्वर्गसँ सुन्दरि कश्मीर हमर,

भाषा संस्कृति बेजोड़ एकर।

परोपकारी, शिक्षित देश कहाबी,

विश्व गुरूकँ पदवी पाबी।

शान बानसँ डटल हिमालय,

घाटी गलवान तक हमर आलय।

जल थल वायु सेना तीनू महान,

जलक रक्षक आईएनएस विक्रांत।।

एडवांस फाइटर जेट रफाल,

द्रोण क तऽ अछि अजबे चाल।

अजेय टैंक टी–72 हमर महाशक्ति,

संहित सात शतक कैं अश्वक शक्ति।

धर्मक रक्षा आऽ कर्तव्य परायणता,

सेवामे देशक तेजस्वी अभियन्ता।

मिग विमान, सुखोई, सुविकसित,

परमाणु शक्तिसँ सुरक्षित संचित।

शक्तिक पूरक अरिहंत परमाणु पनडुब्बी,

पायलट बनलीह हमर मैथिल शिवांगी।

शहीद सीडिएस जेनरल विपिन 'रावत',

श्रद्धांजलि अमर जवान ज्योति पर पावक।

देश विदेशमे पसरल निज ज्ञान संपदा,

लहराइत शानसँ तिरंगा केसरिया झंडा।

अपर्णा झा "कल्याणी"

सम्प्रति : लेखिका
पता : दिल्ली
दूरभाष : उपलब्ध नहीं

अप्पन देश

सुन्दर संस्कृति केर संस्थापक, राजा भरतक आशीष अशेष,

जनिका नाम पर परल नाम ई, "भारत" सुंदर अप्पन देश।

हिमगिरि तिलक लगाबथि भाल,

सदिखन सिंधु जिनक चरण पखार,

प्रकृति जिनक कऽ रहल श्रृंगार,

कखनहुँ बसंत आ कखनहुँ हरियाली केर बहार,

रंग–बिरही जतैए बोली आ भेष।

भारत सुंदर अप्पन देश.......

बुद्ध, कृष्ण, परमहंसक धरती,

सावित्री आ सती अनुसुइया,

सीता सभदिन मोनमे रहती,

एकहि संगे देखि जहिठाम,

गीता, कुरान, बाइबिल केर पोथी,

विश्व मंच पर दऽ रहलै जे'

एकजुटता केर संदेश।।

भारत सुंदर अप्पन देश.......

तीन रंग केर साड़ी जिनकर,

धानी चुनर खूब सेहन्तगर,

शानसँ जहिठाम लहराए तिरंगा,

अशोक चक्र बीचहि फहराए,

पुष्प कमल जतक विशेष।।

भारत सुंदर अप्पन देश.......

हिंदी भाषा अप्पन गौरव,

सभ्यता आ संस्कृतिसँ सौरभ,

कखनहु होली कखनहु ईद,

कतहु नमाज कतहु भजन संगीत,

जगमे सुंदर छवि विशेष।

भारत सुंदर अप्पन देश........

विश्व गुरु बनि ध्वज लहराओल,

चाणक्य नीति आ दशमलव सिखाओल,

गीता केर उपदेश सुनाओल,

लोकगीत केर गुंजैए गान,

सीया, रामक आशीष अशेष।

भारत सुंदर अप्पन देश.......

सुरंजना पाण्डेय

सम्प्रति : लेखिका व कवयित्री
पता : पश्चिमी चम्पारण, बिहार
दूरभाष : 9065053948

देश की संप्रभुता

देश की संप्रभुता का रखे सदा ध्यान

देश की अखण्डता का सदा रखे मान,

देश की सुरक्षा और अस्मिता को

बचाने की हो सबमे लगन,

देश का मान सबसे पहले

देश की रक्षा सबसे पहले,

देश की खातिर सदा रहे

तत्पर कर देअपने प्राण,

देश की सभ्यता और

संस्कृति में बसती हम सबकी जान,

देश का स्वाभिमान सदा सर्वोपरि

देश है सबसे मुख्य धुरी,

इसकी तरफ जो भी आख उठायेगा

वो सदा ही मुंह की खाएगा,

देश है मेरा सबसे मंहान

देश मे बसती हम सबकी जान,

अनेकता मे एकता है इसकी पहचान,

विभिन्न धर्म संस्कृति जाति अनेक

सम्प्रदाय यहा विभिन्न है भाषाए यहा,

अनेकता में एकता का है यहाँ समावेश

है पर्व अनेक विभिन्न है पहनावा,

फिर भी भारत वर्ष है प्यारा

देश हमारा सबसे न्यारा,

दुनिया में गुजेगा सदा

भारत वर्ष का जयकारा,

आईए हम संकल्प करे,

देश का मान सदा बढायेगे

देश के लिए कुछ भी कर जायेगे

देश के लिए मिट जायेगे।

आशुतोष कुमार

सम्प्रति : शिक्षक
पता : फतेहपुर, उत्तर प्रदेश
दूरभाष : 9838332986

आज़ादी

ऐ भारत के वीर पुरुष सुनो,
अपनी आज़ादी के हक के लिए तुम लड़ो।

भारत माता का जय गुण गान करो,
अपने वतन को तुम आबाद करो।

है कर्ज़ जो स्वतंत्रता का तुम्हारा,
उसकी कीमत अपने लहू से अदा करो।

ऐ भारत के वीर पुरुष सुनो,
अपनी आज़ादी के हक के लिए तुम लड़ो।

हर एक चिंगारी शोला बनकर उभरे,
हर कण दुश्मन का सीना चीर उठे।

अपने लिए नही तो अपनो के लिए लड़ो,
जीत के जश्न के लिए वीर योद्धा बनो।

हर माँ की ममता के लिए उठो,
घर–घर की अस्मिता बचाने के लिए संघर्ष करो।

मातृ–भूमि रही निश्छल पुकार तुम्हे,
आज़ादी का स्वप्न दिखा रही हमे।

आज नही तो कल के लिए लड़ो,
अपनी विरासत की रक्षा के लिए मर मिटो।

ऐ भारत के वीर पुरुष सुनो,
अपनी आज़ादी के हक के लिए तुम लड़ो।

जयश्री

सम्प्रति : लेखिका
पता : नोएडा
दूरभाष : उपलब्ध नहीं

नया भारत

हैं खेत सुनहरे जहाँ लहलहाते,

ख़ुशहाली के बीज वहाँ बोएँ हम,

मिल जाए हर बच्चे को पोषण,

ना हो कृषकों का अधिकार हनन,

आओ मिलकर ये संकल्प करें,

नए सपनों का नया भारत बनाएँ हम।

है 'यत्र नार्यस्तु पूज्यन्ते' की प्रथा मानते,

शक्ति को फिर से सशक्त बनाएँ हम,

रहे अक्षुण्ण अस्मिता बेटियों की,

ना भ्रूण हत्या का शिकार हो जीवन,

आओ मिलकर ये हुंकार भरे,

नयी पीढ़ी का नया भारत बनाएँ हम।

है हवा में जिसकी स्वाधीनता की लहर,

कर्तव्यपरायणता सबको सिखलाएँ हम,

हो ख़त्म जातिवाद और क्षेत्रवाद,

ना राज करे कहीं पूंजीवाद,

आओ मिलकर ये प्रतिज्ञा ले,

नयी ऊर्जा का नया भारत बनाएँ हम।

डा. सीमा अवस्थी "मिनी"

सम्प्रति : कवि लेखिका व समाज सेवा
पता : भाटापारा छत्तीसगढ़
दूरभाष : 7987498997

भारत @ 75

सह-रचनाकार

गणतंत्र

देश की माटी वंदन,

शीश लगे जो चंदन,

बंधन आजादी का

ऐसे ना भुलाईए।

मान रखो संविधान,

देश मेरा है महान,

कितने कुर्बान हुए,

सम्मान गिनाईए।

भिन्न रूप वेशभूषा,

भाँति-भाँति राज्य भाषा,

एकता का सूत्र बाँध,

देश को पिरोईए।

सदा रहे ऊँची शान,

विश्व को हो अभिमान,

सपूतों का बलिदान,

ऐसे ना भुलाईए।

देशहित आगे रहे,

झन्डा ऊँचा सदा कहे

देश के गणतंत्र को,

व्यर्थ न गँवाईए।

भेदभाव दूर करें,

भाईचारा साथ रहे

सीमा पर जंग छिड़ी,

विजयी हो आईए।

जनगण राष्ट्र भक्ति,

आज़ादी की रणशक्ति,

तिरंगे का रंग बन,

कर्तव्य निभाईये।

देश भक्ति भाव रख,

साम दाम दंड रच,

अचूक प्रहार कर,

शीश न झुकाईए।

पाखंडी धोखेबाजों से,

भ्रष्टाचारी लोभियों से,

आजादी के दुश्मनों से

देश को बचाईए।।

रोहिणी शशांक मिश्रा

सम्प्रति : लेखिका व समाजसेवी
पता : मुंबई, महाराष्ट्र
दूरभाष : उपलब्ध नहीं

मेरे सपनो का भारत

भारत महान कहलाता है

लेकिन मेरी दृष्टि से देखूं तो कमी कहीं रह जाती है

क्यूंकि भारत मेरा अब वो भारत नहीं रहा

जहा झासी की रानी ने डंका अपना बजाय था

सावित्रीबाई ने शिक्षा का झंडा लहराया था

इस भारत की भूमी पर

श्री राम मर्यादा पुरुषोत्तम हुए

सीता जैसी नारी हुई

अब कहा ऐसा नजर आता है ?

भारत महान कहलाता है

बहू बेटियां आजाद नहीं

संस्कार और आदर नहीं

नग्न नाच है मचा हुआ

भारत महान कहलाता है

मात पिता का सम्मान नहीं

भाई भाई में भाईचारा नहीं

ईमान नजर नहीं आता है

भारत महान कहलाता है

सत्ता के लोभी दिन प्रतिदिन

भारत माता को नोच रहे

देशभक्ति के आड़ में

अपनी गरिमा से खेल रहे

विश्वास नजर नहीं आता है

भारत महान कहलाता हैं

जिस दिन पहले जैसा मेरा भारत फिर है जाएगा

संस्कार और आदर के अनमोल

वचन मुस्काएंगे

हर घर सीता और राम मिल मंगल

दीप जलाएंगे

मात पिता के स्वाभिमान को ना गिरने देंगे ना ही गिराएंगे

फिर शिक्षा मे संस्कार के नए पुष्प उग आएंगे

उस दिन भारत महान कहलाएगा

मेरी दृष्टि मे महान शब्द सार्थक हो जाएगा

भारत महान कहलाएगा

नन्द कुमार

सम्प्रति : कवि
पता : हरदोई, उत्तर प्रदेश
दूरभाष : 6394693354

हम भारत के लोग

हम भारत के लोग हमारी,
सबसे ही है यारी
नहीं किसी से बैर हमारा,
खुद्दारी हमको प्यारी।

अपनी भाषा देश संस्कृति,
संविधान पर नाज है।
दक्षिण सिन्धु पखारे पग,
उत्तर हिम गिरि ताज है।।

भाषा रंग जाति अगणित,
है धर्म भी यहां बहुत से।
खान पान त्योहार भिन्न पर
सब अभिन्न तन मन से।।

ज्ञानी, वीर, धीर, त्यागी जन,
भारत माँ का मान बढ़ाया
हंसते हंसते मिटे स्वयं पर,

खुद को नहीं लजाया।

ज्ञान का बन भण्डार धरा पर,
विश्वगुरू भारत कहलाया
गर्वित है हम हिंद के वासी,
मान जगत में पाया।

पवन वर्मा

सम्प्रति : कवि एवं रंगकर्मी
पता : डुग्गर प्रदेश, जम्मू
दूरभाष : 9018103097

उत्साह देशभक्ति का

एक उत्साह

उठता है

सागर की लहरों सा

भीतर ही भीतर

हृदय और अंतर आत्मा

को छूता

बहता है रगों में

लहू की भाँति

देता है अदम्य साहस

पूर्ण जोश

असीम तृप्ति

यह उत्साह

पवित्र है गंगा की भाँति

खिलती कली सा

शिशु की मुस्कान जैसा

यही उत्साह

करवाता है गर्व कि

जन्में हैं हम

भारत की पावन धरा पर

लहराते तिरंगे को

देख

होता है स्वाभिमान से

शीश ऊँचा

सीना चौड़ा

यही उत्साह

पैदा करता है

मन में

देशभक्ति की उमंग

भारत प्रेम की आकांक्षा

मां भारती की सेवा की लालसा

भारत @ 75

सह-रचनाकार

वैशाली वाडकर

सम्प्रति : लेखिका
पता : पुणे, महाराष्ट्र
दूरभाष : उपलब्ध नहीं

भारत देश हमारा प्यारा

वह सब देशो से न्यारा

मुकुट हिमालय इसका सुंदर

धोता इसके चरण सुंदर

गंगा यमुना की जल धारा

जिससे है पावन जग सारा

अन्न फुल सबसे है प्यारे

इसके रतन जवाहर न्यारे

राम कृष्ण है अंतरायमी

इसके सभी पुत्र है नामी

हम सदैव इसके गुण गाये

सब मिल इसका सुयश सुनाये

भारत देश हमारा प्यारा

यह है सब देशो से न्यारा

हम है देश की माँ की संतान

बढे चिरकर हर तुफान

शील क्षमा है बोलो मै

गिनती है अनमोलो मै

हम अनेकता मै भी एक

हम आजादी की मुस्कान

हम बलिदानो की आन

मेरा देश है महान

मेरा देश है बलवान

मेरा भारत महान

जय हिंद जय भारत

कुमारी आरती सुधाकर

सम्प्रति : विद्यार्थी
पता : बुरहानपुर मध्यप्रदेश
दूरभाष : उपलब्ध नहीं

...तो चलता हूँ, सलाम तुम्हें करता हूँ

मिटकर तुम पर,

मैं तुम्हें सलाम कर जाऊँगा....

लहू मेरा मिलाकर तुझमें,

मैं अमर हो जाऊँगा....

जब याद मेरी आयेगी

तुम बनकर हवा,

खेतों को छूकर गुजर जाना....

सुनो.... ग़र पूछे हाल मेरा,

सलामत हूँ, मेरी माँ को बता देना....

मातृभूमि देखो तुम्हारे श्रृंगार

करने का ये सावन लाया है....

ऐ वतन मैं जीता हूँ तुम्हारे लिए,

आज तुम पर मिटने का दिन आया है....

तुम नाम मेरा,

अपने नाम के पीछे से हटा देना....

जो याद मेरी आए,

तुम उन यादों को भी अपनी यादों से मिटा देना....

यूँ बार बार नहीं आता अवसर वतन पर मिटने का,

इस जनम तुम मुझे भूल जाना प्रिये,

लेकर मैं अगला जनम सिर्फ़ तुम्हारे लिए ही आऊँगा....

देखो दोस्त हमसे ये देखा न जाएगा.....

देखो दोस्त हमसे ये देखा न जाएगा.....

जो गिरे आँसू तुम्हारे धरा पर,

तो मैं माटी बन जाऊँगा.....

मैं और कुछ न तुम्हें समझा पाऊँगा....

उस राखी की कलाई

यार तुम बन जाना....

बड़ी नाज़ुक है मेरी बहना,

थोड़ा प्यार से उसे समझाना....

उस बूढ़े सीने में दरार पड़ गई होगी....

देखकर मुझे उन आँखों ने ख़ामोशी पढ़ ली होगी....

नाज़ होगा या आँखें आँसुओं से भरी होंगी....

जानता हूँ थोड़ी सहमी थोड़ी डरी होंगी....

...तो चलता हूँ अब ऐ वतन,

सलाम तुम्हें करता हूँ....

तुम मना लेना अब मेरी माँ को

मैं उसकी नाराज़गी से बहुत डरता हूँ....

...तो चलता हूँ, सलाम तुम्हें करता हूँ।

भारत @ 75

सह-रचनाकार

आरती शर्मा (आरू)

सम्प्रति : लेखिका

पता : मानिकपुर उत्तर प्रदेश

दूरभाष : उपलब्ध नहीं

गीत

(इस आर्यभूमि की वसुधा को सहस्त्र वंदन करती हूँ)

इस आर्यभूमि की वसुधा को सहस्त्र वंदन करती हूँ

शब्द शब्द में भाव भरूँ मैं गीतों को चंदन करती हूँ

इस पुन्य धरा पे ऋषि मुनियों ने वेद व पुराण लिखे

नारी नारी दुर्गा लगती और बच्चा बच्चा शेर दिखे

मैं भारत की बेटी सबका आज अभिनंदन करती हूँ

सभ्यता संस्कृति का सकल विश्व भी यशोगान करे

मानव देह हर बार यहाँ स्वयं नारायण भगवान धरे

इस पावन पुनीत स्वर्णिम धरा पे तेजस्वी संत हुए

दिव्यता देख भारती की लज्जित सूर्य भगवंत हुए

अमृत से नदियों के जल से सदा आचमन करती हूँ

अतिथि देवो भव का सार्थक वचन यहाँ सिद्ध हुआ

नारी रक्षा हेतु संकल्पित मानव क्या पूज्य गिद्ध हुआ

योग साधना की शक्ति से ज्ञान दिया औ विज्ञान दिया

सत्य सनातन की रक्षा हेतु निज जीवन का दान दिया

शंखध्वनि मध्य मंत्र उच्चारण से शुद्ध अंतर्मन करती हूँ

मनुष्य को मनुष्य की परिभाषा इस धरती ने बतलाई है

निर्जीव में भी होता जीवन ये सत्यता सदा दिखलाई है

मनुष्यता ही पहला धर्म यहाँ वेदों की यही तो वानी है

जितनी अवतरित हुई आत्म उनकी अमर कहानी है

हृदय भाव से अर्पित उनको आज श्रद्धासुमन करती हूँ

अंशिका झा

सम्प्रति : लेखिका

पता : देवघर, झारखण्ड

दूरभाष : उपलब्ध नहीं

भारत माँ की बेटी

माँ मुझको भी तिलक लगा दो

मैं भी सीमा पर जाऊँगी

मैं भी भारत की शान बनूँगी

तिरंगा मैं भी लहराऊँगी

बांधूँगी कस कर कमर में साड़ी

होगी ललाट पर पुरखों का तेज

जो ललकारे आ कर मुझको

दूँगी उसका सीना भेद

माँ गंगा सी मैं निर्मल धारा

सागर के जैसा लहराऊँगी

भारत माँ की शान की खातिर

रणचण्डी भी बन जाऊँगी

जब थक जाऊँगी लड़ते-लड़ते

मैं खुद शहीद हो जाऊँगी

आउँगी लिपट कर तिरंगे में

जाते जाते भी तेरा मान बढाउँगी

माँ मुझको भी तिलक लगा दो
मैं भी सीमा पर जाउँगी